/ 100 位

为新中国成立作出突出贡献的英雄模范人物/

寻 淮 洲

朱永来/编著

★

吉林文史出版社

图书在版编目（CIP）数据

寻淮洲 / 朱永来编著. -- 长春：吉林文史出版社，
2011.4（2022.4重印）
（100位为新中国成立作出突出贡献的英雄模范人物）
ISLN 978-7-5472-0593-8

I . ①寻… II . ①朱… III . ①寻淮洲（1912～1934）
－生平事迹 IV . ①K825.2

中国版本图书馆CIP数据核字(2011)第051231号

寻淮洲

XUNHUAIZHOU

编著/ 朱永来

选题策划/ 王尔立　责任编辑/ 王尔立

装帧设计/ 韩璘

出版发行/ 吉林文史出版社

地址/ 长春市福祉大路5788号　邮编/ 130118

电话/ 0431-81629363　传真/ 0431-86037589

印刷/ 天津海德伟业印务有限公司

版次/ 2011年4月第1版　2022年4月第7次印刷

开本/ 640mm×920mm　1/16

印张/ 9　字数/ 100千

书号/ ISBN 978-7-5472-0593-8

定价/ 29.80元

《100位为新中国成立作出突出贡献的英雄模范人物》丛书

★★★★★

编　委　会

100 位

为新中国成立作出突出贡献的英雄模范人物

八女投江	于化虎	小叶丹	马本斋	马立训	方志敏
毛泽民	毛泽覃	王尔琢	王尽美	王克勤	王若飞
邓 萍	邓中夏	邓恩铭	韦拔群	冯 平	卢德铭
叶 挺	叶成焕	左 权	诺尔曼·白求恩		任常伦
关向应	刘老庄连	刘伯坚	刘志丹	刘胡兰	吉鸿昌
向警予	寻淮洲	戎冠秀	朱 瑞	江上青	江竹筠
许继慎	阮啸仙	何叔衡	佟麟阁	吴运铎	吴焕先
张太雷	张自忠	张学良	张思德	旷继勋	李 白
李 林	李大钊	李公朴	李兆麟	李硕勋	杨 殷
杨子荣	杨开慧	杨虎城	杨靖宇	杨闇公	萧楚女
苏兆征	邹韬奋	陈延年	陈树湘	陈嘉庚	陈潭秋
冼星海	周文雍、陈铁军夫妇		周逸群	明德英	林祥谦
罗亦农	罗忠毅	罗炳辉	郑律成	恽代英	段德昌
贺 英	赵一曼	赵世炎	赵尚志	赵博生	赵登禹
闻一多	埃德加·斯诺	夏明翰	格里戈里·库里申科		
狼牙山五壮士	聂 耳	郭俊卿	钱壮飞	黄公略	
彭 湃	彭雪枫	董存瑞	董振堂	谢子长	鲁 迅
蔡和森	戴安澜	瞿秋白			

前 言

　　每个人的心中都多少有一点英雄情结，都向往英雄、景仰英雄。也正因此，在中华人民共和国建国六十周年之际，由中央十一部委联合组织开展的"100位为新中国成立作出突出贡献的英雄模范人物和100位新中国成立以来感动中国人物"的评选活动中，群众参与投票总数近一亿。这其中的每一张选票，都表达了人们对英雄模范的崇敬之情，寄托着对伟大祖国的美好祝福。

　　一个民族不能没有英雄，否则这个民族就不会强大。当国家危难之时，懦弱者选择了逃避、妥协甚至投降，英雄们却挺身而出，用热血捍卫民族的尊严，人民的幸福。在创立和建设新中国的伟大历程中，涌现出无数可歌可泣的英雄模范人物。他们之中，有为了民族独立和人民解放而英勇牺牲的革命先烈，有为了党和人民的事业而不懈奋斗的优秀共产党员，有在全民族抗战中顽强奋战、为国捐躯的爱国将士，有英勇杀敌的战斗英雄和革命群众，有积极从事进步活动的著名民主爱国人士和国际友人……他们是民族的脊梁、祖国的骄傲，是激励全体人民团结奋斗的精神力量。

　　《100位为新中国成立作出突出贡献的英雄模范人物传记》丛书，就像一部星光璀璨的英雄谱，真实、完整地记录了英雄模范人物不平凡的一生，再现了他们非凡的人格魅力和精神世界。"头颅可断腹可剖"的铁血将军杨靖宇，"毫不利己，专门利人"的白求恩，"抗战军人之魂"张自忠，"砍头不要紧"的夏明翰，"俯首甘为孺子牛"的文化斗士鲁迅……一串串闪光的名字，一个个动人的故事，犹如群星闪烁，光耀中华。

　　如今，战火已熄，硝烟已散，英雄已逝，我们沐浴在和平的幸福之中。在和平年代，人们不会忘记为今日的和平浴血奋战的英雄们，英雄的故事永远不会结束。让我们用英雄的故事唤醒我们心中的激情，为中华民族的伟大复兴而奋斗。

生平简介

寻淮洲（1912-1934），男，汉族，湖南省浏阳县人，中共党员。

寻淮洲 1927 年 9 月随浏阳工农义勇队参加湘赣边界秋收起义，后到井冈山，参加开辟井冈山革命根据地斗争。1928 年转入中国共产党。先后任中国工农红军第四军排长、连长，参加井冈山革命根据地反"会剿"作战。1929 年春随红四军转战赣南、闽西。1930 年调任红一军团第十二军三十四师营长、团长，后任三十五师师长。1932 年 3 月任红一军团第十五军四十五师师长，12 月任第二十一军军长。率部参加中央苏区历次反"围剿"作战。1933 年 2 月在第四次反"围剿"的黄陂战斗中，率二十一军插入敌后，切断国民党军第五十二师退路，为全歼该师创造了条件。6 月任红三军团第五师师长，率部参加东方军，入闽作战，指挥部队连战告捷。同年 10 月任红七军团军团长。1934 年 1 月被选为中华苏维埃共和国中央执行委员。1934 年 7 月，寻淮洲和乐少华奉命转战闽浙皖赣边。11 月所部进入闽浙赣苏区，与方志敏领导的红十军合编为红十军团，他任第十九师师长，继续率部北上。同年 12 月，在安徽太平（今黄山）谭家桥战斗中，寻淮洲指挥部队同数倍于己之敌展开激战，不幸腹部中弹。在弥留之际，他的口中还在反复地念着："北上抗日！北上抗日！"因流血过多，寻淮洲壮烈牺牲。

1912-1934

[XUNHUAIZHOU]

◀ 寻淮洲

目 录 MULU

以游击战斗著称的红军青年将校（代序）

寻淮洲，实实在在是一位传奇式的人物，他18岁任团长，19岁任师长，21岁已是战功赫赫、威震敌胆的中央红军军团长。

他幼年时期，家境贫苦，因而疾病缠身。

学生时代，他虽不帅，但却不呆，他非常聪明，志向崇高。他不仅刻苦学习，成绩每每名列前茅；还不断磨炼办事能力，投身大革命滚滚洪流；而且加强身体锻炼，竟练成"飞毛腿"、"神猴"。

青年时代，他很酷，但早殁。他相继参加过著名的秋收起义和井冈山的反"会剿"斗争、中央革命根据地的反"围剿"斗争，敌人对他闻风丧胆、恨之入骨，在他牺牲之后，砍下了他的头颅以邀功请赏。

他组织指挥才能过人，在毛泽东创建的秋收起义部队中当过连长，统领过邓小平、张云逸等创建的著名的广西红七军，也率领过方志敏、周建屏等创建的著名的赣东北红十军，还指挥过中国工农红军北上抗日先遣队。他参加过的战役、战斗很多，亲自指挥的著名战役、战斗也不少，毙、伤、俘敌甚众，缴获过敌人大量的武器装备，仅1934年4月初至6月初短短的两个月时间，他指挥刚成立不久的红七军团所缴获的武器弹药就足以装备一个军团。

无产阶级革命家方志敏曾称赞他"是红军中一个很好的指挥

员"，他"牺牲了，当然是红军中一个重大的损失！"

他的老首长陈毅曾称赞他："是红军青年将校，以游击战斗著称，毕生为革命利益、民族利益，英勇奋斗，光荣牺牲。"

他的一生，非常短暂，仅度过了二十二个人生春秋，却为中国人民的解放事业作出了永远不可磨灭的丰功伟绩，人民永远怀念他。

聪明伶崽

(1912—1926)

→ 童年辛酸

★★★★★

1912 年 8 月 29 日，寻淮洲出生于湖南省浏阳县社港区莲溪乡黄狮塘村的一户贫苦农民家庭。社港区，系浏阳县北部山区。黄狮塘村，是浏北山区中一个有着几十户人家的大村庄。

寻淮洲的世代实在困苦。其祖父寻开义，一辈子给豪绅地主扛长工，就连自己的名字也认不得写不出，只得靠捏泥团、结绳记工，用破碗底记欠债。

父亲寻余盛，一生面朝黄土背朝天干活，由于祖父尝够了不识字的黄连苦，到处求爹爹拜奶奶，全家勒紧裤带送他上了两年半私塾，总算认得一些字。母亲胡聘秀，慈祥和善，终岁勤俭，她与寻余盛里外配合，日子仍难打发，生下一女一儿之后，生活更是捉襟见肘。到寻淮洲出生之时，家里已经常常揭不开锅，就是一日两餐加糠放野菜的稀粥也难以为继。

寻淮洲出生后，按照家族的班辈排列，寻淮洲是"学"字辈，喝过一点墨水的寻余盛依据"书山有路勤为径，学海无涯苦作舟"的古语和望子成龙的心愿，将其取名学海，字淮舟，号望城。寻淮洲上学后，有时将"淮"字简写成"怀"，"舟"字又写成"洲"，有时又取名为"寻波"，但写得更多的则是"寻淮洲"。

由于母亲怀孕期间缺乏营养和过重的家务与精神负担，寻淮洲发育不良，瘦得皮包骨头。母亲吃的是掺糠拌野菜的稀粥，哪有什么奶汁？寻淮洲饿得整天"哇哇"直叫，尤其是晚上更是吵闹不休。先天发育不良，后天又无奶汁喂养，寻淮洲的体质差极了。天气一冷，便咳嗽打喷嚏、头痛发烧。天气一热，痱子成板加疖疮、中暑接连不断。家中无钱医治，只能用些土法子对付。熬到1916年，寻淮洲已经4岁，同龄的伙伴早已独立行走，可他却连站还站不直。

父亲寻余盛曾请过几个算命测八字的老先生为寻淮洲测过"八字"算过"命"，他们都说：寻淮洲"八字"好、"命"好，命大福大。

寻淮洲"命"好，却生不逢时。此时，中国已经沦为半殖民地半封建社会，朝廷昏聩腐败，列强侵犯频繁，社会动荡不堪，天灾接连不断。在寻淮洲出生的前一年，孙中山领导轰轰烈烈的辛亥革命，推翻了统治中国二百六十多年的清王朝，结束了在中国持续了两千多年的封建君主专制制度。在1912年，也就是寻淮洲出生的当年年初，建立起中华民国。可是，革命的胜利果实很快被大卖国贼袁世凯所篡夺。袁世凯死后,北洋军阀又派系林立,互相倾轧,中国仍然处于内忧外患之中。而小小的浏阳当然不会是世外桃源,不仅人祸不断发生,天灾也连年出现。浏阳城郊的民间艺人张新裕耳闻目睹,曾以浏阳方言写成五百余字的七字唱本《三荒记》,其中写道:"饥荒水荒并兵荒,害得百姓苦难当。"

寻淮洲在苦海中顽强挣扎,1917 年他 5 岁的时候,终于能够自己独立行走了。

→ 少年大志

★★★★★

（5—14 岁）

寻淮洲体弱多病,而且个子特别矮小。寻余盛和胡聘秀当然坐立不安。而寻淮洲接触的事物日渐多了起来,他觉得什么都新鲜有趣,总是以孩童的稚气向父母亲和其他长辈以及小伙伴们问这问那,他还喜欢听人说故事,而且听后每每记得和复述出故事梗概。

左邻右舍、亲戚朋友听说寻淮洲的"八字"好、"命"好，又见他聪明好学，记忆力强，个个对他啧啧称羡，有的甚至称他为"神童"，不少人还劝寻余盛和胡聘秀一定要想方设法送寻淮洲上学读书。

寻姓，在黄狮塘村是个大家族，族里拥有十几亩田地，所得收入由豪绅地主把持，通常用于清明节家族祭祖扫墓使用，再就是借贷给族里认为有出息的人读书，以光宗耀祖。寻余盛日思夜想，想不出别的法子，只得去找族里帮助。

族里见寻余盛穷困至极本不想借贷，但见寻淮洲确实聪明，而且"八字"好、"命"好，要是将来他真有那么一天，也是族里的荣耀。况且借族里的钱寻余盛不敢不还。于是，在寻余盛的一再苦苦哀求和保证下，族里同意借钱给寻淮洲上学读书。

1921 年，寻淮洲 9 岁，他背着母亲用破布缝制的书包进入离家不远的左家湾小学就读，心里别提有多高兴了。他决心发奋学习。

此时，私塾已废，新学正兴，学习课程有国文、算术、理科、体育等，寻淮洲如饥似渴地学习，成绩每次在全班都名列前茅。

1925 年，寻淮洲 13 岁，他以优异成绩考上高小。由于寻淮洲成绩优秀，加上寻余盛一再苦苦求情，族里同意继续借钱供寻淮洲上学，因而寻淮洲得以进入离家较远的莲溪高小就读。

高小，较之初小课程大大增加，增设了历史、地理、修身和英语。这时，寻淮洲的学习负担一天天加重，但他的学习兴趣也愈来愈浓，学习的劲头更足。寻淮洲心里明白，自己的学习机会来之不易，父母亲和兄嫂在家睡半夜起五更，没日没夜地干活，艰难维持全家生活，况且上学的钱还是从族里借的，如果自己学习成绩差，不仅将失掉学习的机会，而且也辜负了父母兄嫂对自己的一片苦心。因此，他时刻激励自己发奋学习，学习成绩在全班名列第一，尤其是作文，更是意深文茂，备受老师赞赏，常常贴在师生鉴赏和比较的传观处。而且，他还练就了一手漂亮的颜体字。

由于寻淮洲品学兼优，老师对他很器重。他不仅在左家湾小学带操，而且担任了管理黄狮塘方向一路学生的路部长。到了莲溪高小，寻淮洲还是一班之长，甚得同学们的支持和钦佩。

寻淮洲的每点进步，都使寻余盛、胡聘秀打心里高兴。孩子是父母亲身上掉下来的肉，哪个父母亲不心疼。父母亲可为他操碎了心，不仅设法送他上了学，而且还为他订了一门"娃娃亲"，女方亦生长于老实厚道的贫寒农家，与寻淮洲相差一岁，姓吴名甘梅，不仅眉清目秀，而且勤劳俭朴。当寻淮洲 13 岁时，父母亲东借西凑了一些钱为寻淮洲和吴甘梅各缝制了一套粗棉布衣服，请了十几个亲戚朋友吃了顿"喜酒"，算是给寻淮洲解决了终身大事。

父母亲的慈爱，寻淮洲由衷地感激。他在校学习，刻苦努力，并且坚持锻炼身体，不辜负父母亲的期望。回到家里，他孝敬父母，尽力帮助父母亲和兄嫂干些力所能及的活计，深得父母亲的喜爱和兄嫂的关照。

对于"八字"、"命"，寻淮洲从懂事起就不相信，他相信的只是严酷的现实。他在高小的作文中朦胧地写道：自己不过是千千万万的中国老百姓中的一员，而中国所有的老百姓完全是受宰割的，老百姓的"八字"、"命"，全攥在万恶的列强、军阀手中。他发自内心地感叹："我国的人民，真是可怜极了。"

他还朦胧地认识到了学生的力量和自身的责任。在题为《对于浏北学联会应否加入的我见》的作文中，他写道："我们知识较高的学生，对于那黑暗的社会，醉梦的人民，怎样可不负一番改造唤醒的责任呢？"

在题为《现在的我》的作文中，他更是激昂而明确地倾吐着自己崇高的志向："我们生在世界上，假使和那寄生虫一样，春来也好，秋去也好，一味甘食美衣，玩日曷岁，徒然食息于天地之间；由幼而壮，由壮而老，由老而死，空空过此一生，岂不是太无意义吗？但是我们既想做些事业，在生时，当着这做学生的时候，对于以前怎样是小孩子，将来怎样为大国民，这些事业，也不可不酌量一下。我现在的年纪，虽不是当大国民的时候，也不是当小孩子的时候了。所以我在这个学期内，对于学业上，应该猛力前进，求一些丰富的知识；对于身体上，应该竭力锻炼，求一个强健的身体；对于办事方面，更应该随时练习，养成很好的才干，预备将来与国家做些大事业。"

寻淮洲是这样想的、说的、写的，更是这样做的。他学习刻苦认真，对锻炼身体也十分重视。一年四季，无论天晴下雨，刮风下雪，酷暑严寒，他从不间断。在家时，他每天天蒙蒙亮就起床，晴天在屋后草坪里翻筋斗、跑步和做操；下雨天就在堂屋里或走廊上跑步、弹跳和爬柱子。在学校时，他每天清晨起床，爬杆、举哑铃、跑步和爬学校后面的双凤山，晚饭后和同学们一起散步、荡秋千。盛夏，他中午和晚饭后与同学们一起在学校前面的捞刀河里畅游。他跑步不仅跑得时间久、速度快，而且每次双脚上都绑上两块大砖头。时间一长，竟练就了一双"飞毛腿"，就是迅跑的狗，他也一气追得上。学校里的哑铃，同学们举几下就举不动了，可他一举就是几十下。爬树，他甚是敏捷，不管多高多粗的树，他都有办法上得去。爬山，就更不用说了。于是，同学们钦佩地称他为"飞毛腿"、"神猴"。

在办事能力方面，寻淮洲也"随时练习"，加上老师对他非常器重，极力培养他、锻炼他，因而，寻淮洲不仅认真带好操，当好路部长、班长，还在莲溪高小每星期一的头一节课周会，上讲台宣读孙中山的遗嘱；每个星期六举行的讲演会上，他每次都上台演讲，讲得有条不紊，有声有色。就是与同学们闲谈，寻淮洲也把它当成锻炼的好机会。

由于寻淮洲事事认真，处处留心，经过几年的学习和努力，他掌握了不少的知识，学习成绩优异，身体素质也大大增强，组织能力和口才更是大大提高，从而为他以后"干大事业"打下了坚实的基础。

一腔热血

(1926—1927)

→ 以正制邪

★★★★★

（14岁）

　　人们传说，鬼是降灾降祸的，来无影，去无踪。神，则是消灾降福的。寻淮洲年幼的时候，对鬼神也极为畏惧，常常跟父母亲和兄长一道向神灵磕头，祈求神灵保佑幸福平安。但是，随着年龄和知识的增长，他对鬼神日益产生了疑惑。人们常说这有鬼那有鬼，可是谁也没有见过鬼的模样，更没有人捉到过一个鬼。自己常和父母兄嫂跪拜神灵，祈求神灵保佑，可是自己依然病魔缠身，家里仍然贫穷困苦。而豪绅地主丧尽天良，神灵却对他们毫不惩罚，他们依然有权有势。何况黑暗的社会把好端端的人弄得人不人、鬼不鬼吗。这样一来，寻淮洲对鬼神也就日渐不相信了。

　　寻淮洲家的屋后，有一片坟地，传说那里

经常有鬼出没，可寻淮洲就是不信。上初小的时候，只要不下雨，他天蒙蒙亮就起床，独自在屋后紧靠坟地的草坪上锻炼身体。入莲溪高小后，他更是胆大得不得了。莲溪高小校舍，原是一座寺庙，叫永兴寺，不仅是神灵的圣地，也传说是鬼的世界。在学校周围和后面的双凤山上，古树参天，阴森可怕。一些老师和同学夜间起来解大、小便有人陪同还提心吊胆，甚至大白天也不敢单独待在教室。而寻淮洲却每天清晨坚持一个人起床跑步、举哑铃、爬杆、爬树、爬山，锻炼身体。

1926 年，以国共合作为基础的轰轰烈烈的大革命风暴席卷中国大地。8 月初，国民革命军一部进入浏阳。9 月中旬，浏阳成立了以潘心元为书记的中共浏阳县委。接着，在县委的组织领导下，建立起浏阳工农义勇军和工人联合会、农民协会、学生联合会、反日雪耻会等各类革命组织。此时，寻淮洲正在莲溪高小就读，他一面坚持刻苦学习，一面参加了反日雪耻会、学生联合会和农民协会，并带领同学积极开展反帝反封建的革命活动。

他带领几个胆大的同学，冲进寺庙，用锄头、木棍，将泥巴、稻草做成的大大的圣帝君砸得稀烂；大树下和交叉路口青石板下小小的灵观菩萨，他们像掏鸟窝似的掀开青石板，将木头、石头做的菩萨取出来装进衣服口袋内，见到乡亲们，就随手抓出一把灵观菩萨，"啪啪"几巴掌后，再折断它们的头和手、脚，随后顺手将它们扔进旁边的粪坑里。

对于革命，寻淮洲的解释就是"革除腐劣而建新优"。吸鸦片、赌博、缠足等等均系腐劣的表现，都在大大革除之列。

当时，浏阳县城和主要的交通要道，烟馆林立。社港区虽地处浏阳偏僻山区，仍然受到鸦片的涂炭。作为学生的寻淮洲，看在眼里，急在心上，在班里和学校的演讲会上，他向同学们慷慨陈词："俗话说得好：天下兴亡，匹夫有责。自18世纪末以来，鸦片流毒我们中国已百余年，害得我们几乎亡国灭种。""我们作为知识较高的学生，对于鸦片流毒岂能熟视无睹，岂能对酣睡的国民不负一番改造唤醒的责任？"在课外，他带领同学们走家串巷，大力宣传戒烟的好处和吸食鸦片的严重危害，并和同学们一起编了不少通俗易懂的戒烟歌加以说唱和张贴。同时，他们还挨家挨户收缴鸦片和吸食鸦片用的烟枪、烟灯，铲除农民种植的罂粟，并将收缴到的鸦片和烟具等当众销毁。

赌博，也是当时社会的一大祸害，有人形象地描述：赌博犹如上贼船，上得去下不来；犹如跳火坑，跳进易跳出难。人们一旦开赌，便越赌越有瘾。而且，十赌九输，赌输了越赌越红眼，有的孤注一掷，将自己的性命也押上。再输，便偷盗、抢劫甚至杀人。

寻淮洲耳闻目睹，气愤至极。他和同学们一合计，决定发挥文化较高的优势，广为宣传赌博的危害。他利用年纪较小的优势，了解赌徒的行踪，探明赌窟之所在，然后报告农民协会，由农民协会派人包围赌窟，抓获赌徒，没收赌具和赌资。

缠足，也是旧社会一大旷日持久的陋习。远的不说，单从李后主大兴女人缠足已流行一千余年，其间朝代兴替，扰得百姓不得安生，可就是碍不着缠足，上起太后妃子，下至渔女村姑，只要是女子，谁都要裹脚。

缠足，可是赛过鬼门关，好端端一双大脚要用布条死缠硬裹成乱七八糟的小脚。既然如此，女子为什么还要缠足？因为，缠足事关重大，据说它不仅是女人的标志，而且缠足好看，纤弱婀娜，更重要的是不仅容易找婆家，而且能嫁到富裕人家享受荣华富贵。

对此，寻淮洲心肺气炸，堂堂华夏本是世界文明古国、礼义之邦，竟落得如此良莠不分美丑不辨，缠足这样明明白白的一种自戕行为竟在中华大地上盛行长达一千多年；明明是一种丑陋习俗，是男尊女卑腐朽思想的反映，却冠冕堂皇地说什么女子缠足能享受荣华富贵。难道女子不缠足就不是女人？缠足女子千千万，她们又有多少人享受了荣华富贵？

在班里和学校的演讲会上，寻淮洲历数缠足的危害，大谈放脚的好处，号召同学们与男尊女卑的腐朽思想、与缠足的不文明行为作坚决的斗争。回到家里，他说服父母、兄嫂、姐妹和妻子，已经缠足的立即放足，未缠足的不要再缠，并将家里所有的小鞋和裹脚布条全部找了出来一把火烧了。在其他场所，他带领男女同学大力宣传，并以女同学现身说法，发现缠足者当即说服其自行放足，对于顽固坚持者便强行用剪刀剪碎小鞋和裹脚布。

同时，寻淮洲还组织同学们打轿、禁吃酒、禁杀牛，在社港区闹得红红火火。

➡ 雪耻反帝

★★★★★

（15岁）

辛亥革命后，篡夺了革命胜利果实的袁世凯，卖国的行径并不比清王朝逊色。对中国虎视眈眈的日本帝国主义，以支持袁世凯称帝为条件，提出了亡我中华的"二十一条"。袁世凯一心想过皇帝瘾，竟不顾全国人民的强烈反对，于1915年5月9日全部承认了"二十一条"，这是中国的奇耻大辱，全国人民愤慨至极，将5月9日定为"国耻纪念日"。

在莲溪高小，寻淮洲每逢"国耻纪念日"，

老师都让他去讲台上宣读"二十一条"的内容，他总是愤愤地宣读和讲解，当读到关键之处时，他将拳头在讲台上擂得"嘭嘭"直响。特别是大革命的风暴席卷浏阳后，寻淮洲积极报名参加了反日雪耻会，不仅在"国耻纪念日"慷慨陈词，呼吁同学们和有良心的中国人觉醒起来，反对国贼，抵制日货，挽救民族危亡。而且会后带领同学们冲进宿舍，拉抽屉，开箱笼，见印有日本制造、"株式会社"等字样的洋瓷脸盆、牙刷、装牙粉的玻璃瓶、草席、毛巾等物品通通砸烂烧毁。

这些东西，别的同学毁得起，可寻淮洲毁不起。然而，为了反日雪耻，寻淮洲毫不惋惜地摔了、砸了，以后他只得喝口冷水"咕噜咕噜"几下算是漱了口，到学校旁边的捞刀河里用双手捧些冷水往脸上抹几抹算是洗了脸，没有草席就睡稻草或木板。

1927 年初，随着国民革命的深入，中共浏阳县委在莲溪乡建立起共产党和共青团的基层组织。根据寻淮洲的年龄和表现，组织上第一个吸收他入了团。这时，寻淮洲已临近高小毕业，他一面学习，一面受组织的派遣，担任下湖初小教员，发动农民开展清算贪污、减租减息、捉斗土豪劣绅的斗争。

为了进一步宣讲农民的苦难，揭露豪绅地主的罪恶，发动农民加入农民协会与土豪劣绅作斗争，寻淮洲经常组织同学们自编自演朴实生动的文明戏。在党团组织的正确领导和寻淮洲的得力宣传发动下，莲溪乡和清泰团的农民纷纷加入农民协会，农民运动开展得如火如荼。

寻选模是莲溪乡的头号土豪劣绅，任过多年莲溪乡的大团总，时任大团总的是他儿子寻藕根。他们父子俩依仗当团总的权势和有人有枪，横行乡里，无恶不作，罪行罄竹难书。为了长穷苦群众的志气，灭豪绅地主的威风，农会研究决定：捉拿和严惩寻选模父子。可是，寻选模父子放出风来，谁敢动他家的一根毫毛，就要谁家加倍偿还。

寻淮洲出身贫苦，自懂事起，就恨透了地主豪绅。他获悉农会要捉拿和严惩寻选模、寻藕根父子，坚决要求前往协助捉拿。一天午夜，他和农会会员、乡梭镖队悄悄地将寻选模家团团围住，寻选模父子正在家酣睡，还未明白是怎么回事，已双双束手就擒。

寻选模的狗腿子获悉立即四处活动，威逼恐吓租种其田地的老实农民聚集于寻氏祠堂，煽动他们去农会抢回寻选模父子。

这消息很快被寻淮洲知道了。他人虽小，但脑子十分机灵，他认为农民被利用真的去抢，弄不好就会发生不必要的流血冲突。他思索片刻，便想起自己的伙伴、共青团员、寻选模未出五服的堂弟寻先治，由寻先治去说服佃户肯定效果好，并将已写好的寻选模父子的罪状拿出来给他。而寻先治胆小怕事，听寻淮洲说要他去办这等事，一听便吓出一身冷汗。

寻淮洲如此这般地简单吩咐一番，然后将寻先治一把推进了祠堂。

进了祠堂，寻先治觉得已被逼上梁山，反正豁出去了，于是鼓足勇气，站在祠堂的香案上，按照寻淮洲的吩咐，大声扼要说明不能去农会抢回寻选模父子的理由，并按纸条所列历数寻选模父子的罪状。果然，佃户便一个个默默地走了。

当天，乡、区两级农会在捞刀河边的芦花滩上召开公审大会，就地公审和处决了寻藕根，并将寻选模押送县农会，由县农会予以严厉惩处。

可是，寻选模被押送县农会后，他在浏阳县城开布庄的大儿子寻民福当即变卖了布庄，将所得的现洋交给了县农会，县农会负责人因此认为寻选模认罪态度较好，加之当时中共中央有陈独秀的右倾错误领导，于是县农会将寻选模关押一段时间后，便将他放了。这一放，犹如放虎归深山，穷苦群众个个心惊肉跳，预感大祸临头。寻淮洲也深感不安，为防不测，他带领伙伴们以各种方式日夜监视寻选模的行动，并将情况及时向农会和党团组织汇报。

激流勇进

（1927）

→ 虎口脱险

1927年4月，正当国共合作的国民革命蓬勃发展之时，蒋介石在上海发动了四·一二反革命政变。同年5月，许克祥、何键等在湖南豪绅地主的支持下，于长沙发动了马日事变，向湖南的共产党人和革命群众举起了屠刀。长沙附近各县的工农群众闻讯，极为愤慨，在省总工会、省农会的组织领导下，农军手执梭镖、大刀等各式武器，浩浩荡荡围攻长沙。

长沙城内的反动势力惊恐万状，自谓"一夕数惊"。可是，在这关键时刻，陈独秀等实行右倾错误领导，下令将农军解散。反动军队与各县的地主武装趁机反扑，大肆"清乡"和屠杀。

7月初，中共浏阳县委书记潘心元等被迫

率领浏阳工农义勇军撤至平江一带，浏阳全县陷入白色恐怖之中。社港区的反动势力死灰复燃，大土豪寻选模等恢复了反动团防局，四处捕杀共产党人和革命群众。亲自逮捕和斗争过寻选模父子的寻淮洲，便成了他们的眼中钉、肉中刺。寻选模在团局恶狠狠地说："我不杀了寻淮洲死不瞑目，我要亲手杀了他才甘心。"

此时，寻淮洲高小即将毕业。在强敌面前，为了保存革命力量，组织上决定让寻淮洲立即转移。于是，寻淮洲按照组织的要求将手头的工作进行交接。可是，正当他在社港与一个同学交接工作时，团局的人赶到了。幸亏在外面放哨的同学用暗语及时通知，两人得以从后窗跳出脱离险境。而后，寻淮洲一口气跑回家中，见父亲已经转移，他与母亲和妻子作了简单的话别，就按照母亲所说的暂且到满叔家躲一躲再说。

寻淮洲离开家时已是黄昏，他径直找到离家不远开南杂铺的满叔，可是满叔却执意要他立即远走高飞。因为，寻淮洲在他家躲过初一藏不过十五，到头来寻淮洲躲不过去，而他全家也得遭祸殃。寻淮洲无奈，拔脚便走。临走时，满叔关照他，给了他一串铜钱作应急之用。

满叔家待不了，寻淮洲只得去平江找县工农义勇军。他决心既定，抬腿就走。可是，刚走到离家不远的大落坪，迎面碰到比他高一届平日极少往来的高小同学徐飘蓬。

徐飘蓬见到寻淮洲，十分热情，不仅主动上前打招呼，而且一定要寻淮洲无论如何去他家叙谈叙谈。寻淮洲虽然疑窦顿生，然而"盛情"难却，决定去他家坐坐再说。可是，一到他家，他竟吆喝清乡队员将寻淮洲抓了起来，原来徐飘蓬已经成了团防局的一条忠实走狗。

寻淮洲被捕后，徐飘蓬将其关押在农工祠里。几个月前，寻淮洲还在此作过演讲。眼下，寻淮洲后悔、愤怒都没用，唯有想法子逃出去。寻淮洲对看守他的清乡队员施以正义感召，得知看守是位被强抓来的老实农民，还听过寻淮洲的演讲，对他很敬佩。看守答应，当晚将他放走。

寻淮洲由衷地感激，但转念一想："如将我放走，必定给他带来危险，以他命换我命，此非革命党人所应有的态度。"寻淮洲思索了一下，便想出一个两全其美的法子：他爬上房梁，制造了一个扒开房顶逃走的假象，然后对看守他的清乡队员说道：这样，你的危险就可大大减少，最多也只负看守疏忽的责任。并且好说歹说将满叔给他的一串钱留下。这样，寻淮洲顺利地逃出了虎口。

脱险后，寻淮洲连夜向平江跑。大路有清乡队、团丁把守，他就走山间小道，将他那"神猴"、"飞毛腿"之功全用上，一夜之间跑了一百多里，终于抵达平江长寿街。正巧，浏阳工农义勇军在此休整待命。寻淮洲找到队部，向队长苏先骏（后叛变）、党代表潘心源等人要求参加义勇军，可是他们说寻淮洲刚满15岁，个子矮小还不够一条枪高，劝他在平江参加地方工作。寻淮洲不依，他坚决而诚恳地说："我恨透了反动派，早已立志干武装，请允许我效命疆场吧！"苏先骏、潘心源等人为之感动，便答应将其收下。

由于义勇军武器十分缺乏，队部只发给他一杆梭镖。寻淮洲也心满意足，发誓一定要用梭镖从反动派的手中夺取钢枪。

⊙→ 参加秋收起义

★★★★★　　　　　（15岁）

不几天，浏阳工农义勇军接到通知，与平江工农义勇军合编为贺龙指挥的国民革命军第二十军独立团，开赴江西参加南昌起义。由于党员少，出发前刚满15岁的寻淮洲被任命为连党代表。可是到达距南昌30里的涂家埠近郊，获悉南昌起义已经失败，起义部队已撤离南昌南下。于是，浏阳义勇军向西转移，寻淮洲随队经奉新到达高安再折回铜鼓县。

9月初，毛泽东根据中共湖南省委常委会的决定抵达安源，传达了中共中央八七会议的精神，深入讨论了在湘赣边界发动秋收起义的具体部署，决定将浏阳、平江两支工农义勇军，和我党领导的原武汉国民政府警卫团以及安源的革命武装一起，组编为工农革命军第一军第一师，下辖三个团。警卫团团长卢德铭被任命为起义总指挥。

寻淮洲被编入第一师第三团第一营，团长为苏先骏，第一营营长则是对他后来的成长进步产生积极影响的张子清。

起义之前，毛泽东历尽艰险曲折，从安源抵达铜鼓，向三团的干部战士宣传组织起义的伟大意义，具体部署秋收起义的行动计划。

"毛泽东"这个名字，三团的干部战士并不陌生，不过，更为熟悉而顺口的还是"毛委员"这个称呼。这次寻淮洲实在没有想到，他不仅亲眼见到了毛委员，而且毛委员毫无官架子，跟他们一一打招呼，还挨个儿地问姓名、拉家常。

寻淮洲兴奋极了，他做梦也没想到毛委员这样和蔼可亲。他下定决心：一定跟毛委员好好干，为穷苦工农争气，为父母亲争光，杀尽天下豪绅，铲除人间污吏和不平。

在毛委员的具体部署下，起义的各项准备工作在有条不紊地进行着。寻淮洲将自己的梭镖磨得铮亮，并积极参加军事训练，由于他有文化，便常常给别人小小地参谋参谋，他的脑子里想得最多的是：盼望伟大时刻的到来，凭自己的"飞毛腿"，多杀几个白狗子，把自己的梭镖换成钢枪。

"秋收时节暮云愁，霹雳一声暴动"，1927 年 9 月 9 日，在毛泽东为首的前敌委员会领导下，震动全国的湘赣边界秋收起义爆发了。

按照起义计划，寻淮洲所在的第三团，于11日由毛委员亲自指挥在铜鼓起义，首战白沙镇。指战员个个斗志旺盛，犹如猛虎下山，向敌人猛扑上去。寻淮洲是"飞毛腿"，他双手紧握梭镖，看准一个拿钢枪的敌兵，呐喊着猛冲上去，不一会儿工夫，就冲到那敌兵的身后，说时迟，那时快，他使出平生力气，对准那敌兵的后背狠命一刺，那敌兵还未来得及叫一声就倒地气绝了。寻淮洲兴奋至极，捡起那敌兵的钢枪，左瞧瞧，右看看，摸了又摸，竟然连追杀敌人也忘了。

可是，按照工农革命军的军纪，缴获的钢枪必须上交。为此，寻淮洲大哭了一场。哭完之后，他恋恋不舍地按规定将心爱的钢枪上交了连队。但使寻淮洲意想不到的是，营长张子清知道后，来到他身边，不仅表扬了他的战绩和英勇杀敌精神，还将通信员擦得闪闪发亮的小马枪亲手发给了他，并语重心长地对他说："要时刻牢记自己是一名革命战士。作为革命战士，必须严格遵守纪律，胜不骄，败不馁。以后，可不能再哭鼻子，更不能忘了保护自己，消灭敌人啊！"寻淮洲抚摸着小马枪，思索着营长的话语，由衷地感激营长严父慈母般的爱护。自此以后，寻淮洲持着钢枪，成为了一名真正的战士。

三团首战告捷，全团上下一片欢腾，毛泽东兴奋地说：真是旗开得胜，马到成功。次日，三团在毛委员的率领下，直赴浏阳东门市。先头部队一鼓作气冲了上去，将敌人打得狼狈逃窜，三团顺利占领东门市。

可是，敌人不甘心失败，敌军两个团在东门市反动武装的带领下，向东门市发动疯狂反扑，兵分两路包围三团。在这危急时刻，毛泽东下令二营迅速进入阵地，阻击敌人，并令一、三两营迂回于敌人两侧拼力攻击。可是，敌众我寡，加之武器装备低劣，与敌激战六个多小时仍未奏效，部队损失很大。

在这次战斗中，寻淮洲被敌人的子弹打中左臂，鲜血直流。他全然不顾，仍然冲锋在前，撤退在后，以小马枪向敌人射击，撂倒好几名敌军。最后，由于敌我力量相差悬殊，毛泽东下令部队撤离东门市，寻淮洲随队经白沙镇转移到上坪。

这时，一团也遭到了敌人的围攻，遭受重大挫折，不仅团长钟文璋失踪，而且伤亡二百多人，部队被迫向浏阳方向转移。二团处境也极其不利，在攻克醴陵和浏阳两座县城后，部队陷入敌人的重重包围之中，大部分被打散，不少同志壮烈牺牲，仅部分同志得以脱险。

面对三路主力遭受重大挫折的严重局势，毛泽东当机立断，决定改变三路会攻长沙的计划，他以前委书记的名义，通令各部

△ 领导秋收起义时的毛泽东

队迅速集结浏阳县文家市。9 月 19 日，寻淮洲所在的第三团与第一、二团于文家市胜利会师。

当晚，毛泽东在文家市里仁学校主持召开了前敌委员会会议，他根据部队遭受的严重损失和敌强我弱的客观形势，及自己所了解的周围地理环境，提出工农革命军向罗霄山脉中段进军的正确主张，及时地为工农革命军指明了新的前进方向。

第二天清晨，天气晴朗，工农革命军整齐地站在里仁学校的操场上，聆听毛委员的讲话。

毛委员亲切地招呼大家坐下，尔后他根据前委会议的精神，对大家说：要和反动派作斗争，就一定要有枪杆子，过去我们的失败，就是吃了没有抓住枪杆子的亏。这次秋收暴动，我们打了几个败仗，受了点挫折，胜败乃兵家常事。我们还留有队伍，我们的斗争才刚刚开始。我们有湘、鄂、赣、粤四省已经起来的千千万万的工人和农民群众的支持，我们的力量是伟大的。只要我们大家团结得紧，继续勇敢地战斗，就能够把反动派打败和消灭。

最后，毛委员着重指出：秋收起义原计划去攻打长沙，现在大家想打长沙，我也很想把它打下来。可是目前我们的力量还不够，我们现在应该去敌人管不着或难以管得着的地方，那个地方就是湘赣边界的罗霄山脉中段。离两省敌人统治的中心都比较远，两省的敌人都不大管。我们要在那里囤积粮草，养精蓄锐，发展我们的武装力量，待机而动。

毛委员形象生动、深入浅出的话语，寻淮洲认真地聆听着、思索着，犹如黑夜之中有了指路明灯。

当天下午，在毛委员、卢总指挥的率领下，部队从文家市出发，踏上了向罗霄山脉进军的征途。9月22日部队抵达芦溪宿营。谁知，第二天清晨，由于侦察不明，部队出发不久便遭到敌人的伏击。由于仓促应战，损失巨大。在危急时刻，卢德铭挺身而出，率领一个连抢占路旁高地阻击敌人，掩护部队冲出了伏击圈。但卢总指挥却不幸中弹牺牲。部队怀着悲愤的情绪继续转移，于9月29日在毛委员的指挥下进抵永新县三湾村。

由于连续行军作战，部队锐减到不足千人，出现了官多兵少、枪多人少的局面。加之部队战斗失利，斗争环境艰苦，一些人开小差溜了。寻淮洲是坚定的革命者，他一路上帮伤病员背枪，并捡起开小差的人扔下的枪支，开始背两三支，以后干脆在路边找条木棍，一挑七八条枪。因为，他知道枪是革命的命根子。

在三湾村，毛泽东主持召开了前委会议，对部队进行了著名的三湾改编，支部建在连上，连以上设立党代表，营、团建立党委；在部队内部，实行民主制度，官长不准打骂士兵，连队经济公开，官兵待遇平等；工农革命军第一军第一师缩编为一个团，下辖第一、三两个营和一个特务连、一个军官队、一个卫生队。寻淮洲被编入三营第九连，任副班长，不久又升任班长。他的老营长张子清担任三营营长，副营长是伍中豪，党代表为何挺颖，他们都是寻淮洲十分敬佩的好领导。

在三湾村的枫树坪，寻淮洲再次聆听了毛委员的讲话。毛委员说："贺龙同志两把菜刀起家，现在当了军长，带了一军人。我们不只是两把菜刀，我们有两个营，还怕干不起来吗……你们都是起义出来的，一个可以当敌人十个，十个可以当他一百。我们现在有这样几百人的队伍，还怕什么！失败是成功之母，没有挫折和失败，就不会有成功和胜利。"

寻淮洲作为一名小知识分子，出身贫苦，又是在白色恐怖的腥风血雨中投身武装斗争，且发誓效命疆场的硬汉子。自起义以来，与他一起干武装的战友有的已经流尽了最后一滴血，有的开溜当了逃兵，甚至师长余洒度、团长苏先骏也动摇脱离部队当了叛徒，而不少同志英勇杀敌，尤其是卢德铭总指挥等共产党员冲锋在前，撤退在后。因此，自投笔从戎以来，寻淮洲信心坚定，斗志极为旺盛。

井冈岁月

(1927—1930)

→ 初露锋芒

★★★★★

1927 年 10 月 7 日，在毛泽东的率领下，秋收起义部队顺利进抵井冈山的茅坪。几天后，为了扩大工农革命军的影响，熟悉井冈山周围的情况，毛泽东决定将部队兵分两路游击。毛泽东亲自率领三营、一营的一连和特务连沿湘赣边界南下，10 月 23 日进驻江西遂川县大汾镇。一路上，寻淮洲带领班里的战友贴布告、刷标语，他练就的一手刚劲潇洒的颜体字可派上了大用场。

在行军途中，毛委员经常和战士们交谈。寻淮洲多次碰到他，毛委员都亲切地问寒问暖。

进驻大汾镇的第二天拂晓，部队突遭当地靖卫团团总肖家壁的团丁乡勇偷袭。和衣躺下且枪不离身的寻淮洲惊醒后，立即清醒：抢占住制高点就是胜利。于是，他吩咐班里一名战友去报告排长，随即带领班里其他战友迅速冲向村后的山头。他凭着自己的"飞毛腿"之功，敏捷地拨开丛丛荆棘，给全班开路。他们冲上山顶往下一看，发现不知从哪儿冒出的十几个敌人已爬到了半山腰，寻淮洲嘱咐班里战友迅速选好射击位置，居高临下瞄准敌人射击，敌人顿时死的死伤的伤，剩下的敌人一看情况不妙，连滚带爬退了下去。不久，寻淮洲代理排长。茶陵战斗结束后，张子清升任团长，何挺颖升任团党代表，三营九连连长陈正春职务不变，特务连党代表罗荣桓调任三营九连党代表，寻淮洲被正式任命为九连一排排长。

　　1928年1月初，三营在毛泽东率领下返回井冈山。可是，这时的井冈山已是寒冬腊月，而部队上至毛委员、张子清、何挺颖，下至伙夫，没有一个人有一件像样的冬衣，部队的给养十分困难。就地向群众筹集，无异于竭泽而渔，唯一的办法是下山向敌人要。因此，毛泽东决定亲率一营和三营九连下山。

　　这次行动，九连担任前锋。在连长陈正春、党代表罗荣桓的指挥下，全连一百多名指战员在崎岖的山路上快速推进。1月4日下午，九连接近大坑，一个冲锋，就将肖家壁的靖卫团二三百人冲得稀里哗啦，接着乘胜追击，敌人已是惊弓之鸟，慌忙逃往遂川，寻淮洲带领全排和连里的战友们一气将敌人追出八九里地。回返时，寻淮洲和排里的战士们捡起敌人仓皇丢下的枪支弹药和其他物资。回到大坑后，九连受到毛委员的表彰。

　　第二天一早，他们继续向遂川进发。肖家壁的靖卫团已吓破了胆，毛委员率领一营和九连一枪未发占领遂川，然后以连为单位分散到县城及周围各圩镇打土豪和发动群众。寻淮洲所在的九连，被分配到距县城西南约四十里，拥有六百多户人家、二百多家店铺的草林圩。仅从几个豪绅开设的大商号中，就收缴到布匹七百余担，筹款两万多块银元。

腊月二十三日，是我国传统的小年，正逢草林圩日。一大早，寻淮洲就按照毛委员和连里的指示，带领全排粉刷标语、打扫街道，使草林圩呈现出一派勃勃生机。

转眼就到了新春佳节，根据毛委员的指示，部队集中遂川城过团圆年，每个指战员发两套新单军衣和五块大洋。寻淮洲入伍将近半年，终于脱下了那身已经破烂不堪的学生装，和大家一样换上了做工较为粗糙的灰色新军衣。

正月初二，遂川成立了工农兵政府。过年加庆祝工农兵政府成立，真是锦上添花，个个喜气洋洋。

春节过后，部队就地休整。一天上午，团长张子清、党代表何挺颖把寻淮洲叫去，当面授予他一项新任务：距遂川城约十五公里的地方，有一个姓卢的土豪，他家有长短枪十条，且狗腿子众多，附近又驻有国民党的正规军。团里决定，并经毛委员同意，要寻淮洲带 20 人去将那土豪的枪搞回来，并强调将枪要全部搞回，不得少一条。

寻淮洲听罢,思索片刻,便胸有成竹地说:保证完成任务。不过,去的人多了不合适 , 就他一个人去最好。因为距离较远, 去二十个人不便于隐蔽, 容易暴露目标, 而且那土豪的狗腿子多, 附近又驻有敌人的正规军, 只能智取, 不能强攻硬夺。智取, 去人多了容易坏事, 而自己个子矮小, 扮成放牛娃, 敌人很难认得出。

张子清、何挺颖见寻淮洲说得在理, 便同意了他的意见, 并向他提出了一些注意事项。寻淮洲一一记在心上, 然后向当地老表借了套合身的放牛娃穿的破衣烂衫, 拿了一条麻绳、一个杀猪用的铁钩, 带了两支驳壳枪和两颗手榴弹, 冒着大风雪, 凭着他的机智和 "飞毛腿" 之功, 按照张团长和何党代表所指示的路线, 于当天黄昏赶到姓卢的土豪的院落外, 当晚, 他将随身带去的绳子套在铁钩上, 凭借雪地的反光用力一甩, 将铁钩甩在院内紧靠院墙的一棵大树的树杈上, 然后沿着绳子爬上院墙, 又顺着大树滑入院内, 趁黑溜进那土豪的小厢房里藏了起来。

深夜, 土豪家里其他的人都进入了梦乡, 剩下那土豪和他的小老婆两人在正房里嬉笑和吃夜宵。寻淮洲便蹑手蹑脚地从小厢房摸入正房, 一个箭步闪到那土豪的身后, 一手夹住他的脖子, 一手紧握子弹已顶上膛的驳壳枪, 将枪口顶住他的太阳穴, 卢土豪吓得魂飞魄散。接下来, 事情就好办了, 卢土豪不仅乖乖地下令狗腿子们将十条枪全交了出来, 而且老老实实地将寻淮洲 "护送" 出了院子。寻淮洲将枪一支支地背在身上，押着卢土豪出了大门后说："现在没你的事了，你回去吧！"继而对着黑夜大声招呼说："一排、二排、三排，撤！"便凭借雪地的反光，连夜返回，走了约两里地，他找了条木棒，用绳子将枪捆成两捆，用木棒挑着，于次日清晨顺利返回部队。就这样，寻淮洲一人不费一枪一弹将十条枪全部搞了回去，圆满完成了任务，受到了毛委员和团长、团政委等领导同志的表扬。

工农革命军在遂川一带发动群众，开展土地革命。国民党江西省政府主席朱培德慌忙调集重兵向遂川疯狂反扑，其一个独立营趁机进占了宁冈新城。

此时，工农革命军在数量上已发展壮大，除一团之外又将活跃在井冈山一带的袁文才、王佐的绿林部队改编为第二团；在质量上，一团经秋收起义以来近半年的行军作战锻炼，已发展成为英勇顽强的战斗部队，且在遂川经过了一个多月休整。为了打击敌人的嚣张气焰，毛委员决定集中一团和二团的一个营及当地的赤卫队，以绝对优势兵力，消灭新城这股孤军深入之敌。

1928 年 2 月 17 日拂晓，在毛委员的亲自率领下，部队悄悄地进抵新城城外。按照毛委员的部署，一团于东、北、南三面同时发起猛攻。在火力的掩护下，九连冒着弹雨拖着竹梯呈散兵队形，迅速进入敌人射击的死角——城墙下的一座小庙前。

时间就是胜利。寻淮洲下令排里的部分战士以火力掩护，其余战士迅速将竹梯靠上城墙，以两个战士扶一架梯子登梯爬城。寻淮洲腰插两颗手榴弹，一手抓一支驳壳枪，一手抓梯敏捷而上。战士们见排长如此英勇，也不甘落后。眼看就要攀上城头，突然城上的敌人用铁叉叉住梯子死命往外推，致使梯子靠不上城墙而悬在半空之中。战士们用枪射击，可敌人躲在城墙后，枪弹根本打不着。寻淮洲灵机一动，他迅速将双脚交叉于梯节之间，腾出一只手抽出插在腰间的一颗手榴弹，拧开弹盖，咬掉拉环，顺势扔上城头。只听得"轰隆"一声巨响，竹梯随即倒上城墙，寻淮洲趁着烟雾跃上城头，一面射击，一面将第二颗手榴弹投入敌群。这时，排里的其他两架竹梯也靠上了城墙，战士们鱼贯而上，寻淮洲带领全排趁势杀入城中。

几乎与此同时，一营烧开了东城门，也冲入城中。敌人见大势已去，纷纷夺路逃向没有枪声的西门。然而，西门外是一片低洼的水田，水田的尽头是杂树丛生的起伏丘陵，那里埋伏着毛委员和袁文才带领的二团一个营与大批赤卫队。敌人四面楚歌，束手就擒。

这一仗，干净利索全歼国民党一个独立营和一个靖卫团共五百余人，缴枪数百支。寻淮洲所带领的九连一排，毙伤俘敌近百人，缴枪数十支。

打了大胜仗，一路上，战士们谈笑风生。寻淮洲却在思索着：毛委员实施三面伏击，一面埋伏，表面网开一面，使敌不予顽抗，实则四面夹击，真是用兵如神。

鉴于寻淮洲的一贯表现，在新城战斗后，组织上决定吸收他为中国共产党党员。他的入党介绍人不是别人，正是他敬重的团长张子清和营长伍中豪。在党旗下，寻淮洲庄严宣誓：牺牲个人，严守秘密，阶级斗争，努力革命，服从党纪，永不叛党。从此，寻淮洲成为一名光荣的中国共产党党员。

⊙→ 投身反"会剿"

★★★★★

（16—17岁）

天有不测风云，人有旦夕祸福，革命也同样有急流暗滩。

1928年3月上旬，正当井冈山根据地初具规模之时，中共湘南特委派遣周鲁来到砻市，向前委传达了中共中央 1927 年 11 月 14 日发布的《政治纪律决议案》，其中指责毛泽东率领工农革命军"所经区域以内没有执行屠杀土豪劣绅的策略，以致农民视若客军过境"，决定给毛泽东以"开除中央临时政治局候补委员"和"撤销其现在省委委员资格"的处分，中央的这一错误决定又被周鲁误传为开除毛泽东的党籍，直到后来朱德、陈毅等同志上井冈山带来中央文件后才纠正了这一误传。此外，周鲁还在前委会上蛮横粗暴地宣布了湘南特委的决定：解散井冈山党的前委，将前委改组为专管军队党组织的师委，由何挺颖任书记，毛泽东改任师长，强令工农革命军开往湘南，支援朱德、陈毅等发动的湘南起义。

3 月初，毛泽东奉命率领工农革命军下井冈山去支援湘南起义，国民党和当地地主武装趁虚而入，肖家壁等纠集靖卫团及其他地主武装在井冈山地区实施残暴的"茅草过火，石头过刀，人都换种"的反动政策，疯狂逮捕杀害共产党员和革命群众，将井冈山革命根据地闹得鸡犬不宁。

4 月 25 日，在毛泽东率领的工农革命军的掩护下，朱德、陈毅等率领的湘南起义部队顺利抵达宁冈砻市，两支起义部队胜利会师。

寻淮洲作为一名排长和新党员，为实现这次具有伟大历史意义的会师作出了不小的贡献。在几次阻击敌人的战斗中，他带领全排坚守阵地，尤其是在酃县战斗中，湘敌吴尚部三个团企图于酃县县城截击湘南起义部队主力，张子清立即带领三营趁敌大队尚未到达酃县县城之际，攻占酃县县城与城北高地。敌主力到达后，凭借优势兵力和装备疯狂反扑。寻淮洲带领全排与三营的其他指战员一道沉着应战，坚守阵地三天三夜，不但击退了敌人十余次疯狂反扑，而且向敌人发动了十多次反击，使敌人丢下了上千具尸体仍无法跨越酃县半步。

两支革命军胜利会师后，合编为中国工农革命军第四军，选出了四军军委，毛泽东任书记，并任命了四军的领导人：军长朱德、党代表毛泽东、参谋长王尔琢。部队骤增到一万多人共编三个师，湘南起义部队编为第十师，师长由朱德兼任；井冈山工农革命军编为第十一师，张子清任师长；湘南农军编为第十二师，陈毅任师长。寻淮洲被编入红十一师三十一团三营八连，由排长升任连长。这可大大出乎寻淮洲的意料，自己还不满 17 岁，当排长带三十多人还马马虎虎，可任连长要带一百多人，弄得不好，将给革命造成损失。要求不干吧，自己是共产党员，岂不辜负了组织上对自己的培养和期望。

师长兼三十一团团长张子清、团党代表何挺颖和三营营长伍中豪、营党代表罗荣桓等领导同志，看出了寻淮洲的心思，都对寻淮洲给予热忱的帮助和鼓励。寻淮洲终于愉快地挑起了这副重担，决心不辜负组织上对他的殷切期望。

5月下旬，井冈山给养困难，工农革命军取消师的番号，缩编为四个团。6月，根据中共中央的指示，工农革命军第四军改称为中国工农红军第四军（简称红四军），寻淮洲任红四军三十一团三营八连连长。

这时，适应对敌斗争需要、带有朴素性质的游击战争的基本原则——"敌进我退，敌驻我扰，敌疲我打，敌退我追"的十六字诀，在毛泽东的及时总结下已经产生。对于这一重要原则，寻淮洲认真学习，细心领会，并在战争的实践中灵活运用。

6月上旬，蒋介石下令湘赣两省对井冈山实施"会剿"，敌人大举向井冈山地区推进。

毛泽东、朱德等慎重地分析了敌情，决定集中优势兵力，大举歼敌。仅一个多月时间，红军三占永新，连战皆捷。

蒋介石闻讯，恼羞成怒，责令湘赣两军联合对井冈山地区进行第二次"会剿"。

这时，红四军内正出现意外情况：中共湖南省委负责人又头脑发热，派遣杜修经、杨开明带来指示信，要求红四军除红二十八团留下二百条枪会同赤卫队保卫边界外，其余部队立即离开根据地向湘南发展。不久，又派遣代表袁德生匆匆传达又一指示，要求将留守井冈山的红军开往湘东。结果，红四军东奔西突，损失惨重，军参谋长王尔琢牺牲，红二十九团散掉；敌乘虚而入，井冈山山下各县全部被敌人占领，史称"八月失败"。

以后，在毛泽东、朱德、陈毅等率领下，红四军指战员灵活机动作战，几经周折返回井冈山，从而粉碎了敌人对井冈山的第二次"会剿"，边界的工农武装割据重新发展起来。

此时，天气日益寒冷，井冈山上的生活也日益艰苦，加之周围敌人严密封锁，部队连红米、南瓜也不能保障天天吃上，只得以野菜、树皮、草根充饥。食盐更是珍贵，不仅粮食不能保障，就连医院供伤员洗伤口的盐水也保障不了。

虽然井冈山生活如此艰苦，指战员们却情绪乐观，斗志旺盛。井冈山具有巨大的吸引力，既吸引着红四军的广大指战员团结奋战，还日益吸引着越来越多的人们投身革命斗争。

11月份，湘军阎仲儒部和赣军向成杰部部分官兵起义，投奔井冈山，分别被编入红四军特务营和独立营。

12月11日，彭德怀、滕代远等率领平江起义成立的中国工农红军第五军，转战于湘鄂赣边界抵达宁冈新城与红四军会合，红五军暂编为红四军第三十团，彭德怀任红四军副军长兼三十团团长，滕代远任红四军副党代表兼三十团党代表。

这时，国内形势发生急剧变化，蒋介石正在酝酿中原混战。他为了巩固后方，下令湘赣两省调集三万余人，以湖南军阀何键为总指挥，兵分五路，对井冈山发动第三次"会剿"。

面对国民党大军压境的严重局势，毛泽东、朱德等研究决定：

实施"攻势的防御"方针，由彭德怀、滕代远等率领红四军三十团和三十二团留守井冈山，坚持内线作战；同时实施围魏救赵战术，由毛泽东、朱德、陈毅等率领红四军二十八团、三十一团和独立营、特务营突围下山，转移到赣南敌后，开展游击战争。

1929年1月14日，担任外线作战的部队共三千六百余人踏上了征程，指战员以顽强的毅力，一路披荆斩棘。第二天夜晚，部队抵达大汾，消灭守敌一个营，跳出敌人的包围圈，随即南下占领大余。一路上，为了吸引敌人，解井冈山之围，指战员大张旗鼓地宣传红军的政策，扩大红军的政治影响。

2月10日，是农历新春佳节。部队经武阳进至瑞金城北大柏地的南麻子坳一带，依托有利地形，伏击追敌赣军刘士毅旅。恶战一天，获得重大胜利：击毙的敌人不算，仅俘虏敌官兵就多达八百余人，缴获大批枪支弹药。

经一系列行军作战的磨炼，寻淮洲管理的三营八连发展成为红三十一团的主力连队。

→ 古田会议前后

（17—18 岁）

大柏地战斗后，南下红军乘胜进占宁都县城，继而向吉安县属之东固推进，意外地与江西红军独立第二团和第四团相遇，全军上下欢欣鼓舞。

在东固，部队召开了会师大会，并就地进行了一个星期的休整，寻淮洲在大柏地战斗中不幸被流弹击中左臂的伤势也日益痊愈。3月14日，部队翻越武夷山南麓进入闽西山区，于长岭寨对汀州的闽西土著军阀郭凤鸣部发起猛攻，歼敌两个团及旅部共两千余人，击毙郭凤鸣，缴获机枪数十挺、步枪两千余支。接着，乘胜进驻长汀城。

为了迷惑敌人，部队改变番号，团改称纵队、营称支队、连称大队。红三十一团改称三纵队，司令员为伍中豪。寻淮洲任三纵队九支队大队长。

汀州整编后，红四军经古城转入瑞金，与从井冈山突围出来的红四军三十团会合，继而获悉蒋桂军阀、粤桂闽军阀战火大起，闽西南一带敌人防务空虚。红四军前委决定：避实就虚，挺进闽西，发展闽西的革命力量。

寻淮洲奉命率部随红四军大队再次翻越武夷山，疾进深入闽西腹地，与傅柏翠、罗瑞卿等领导的闽西地方红军第五十九团以及张鼎丞等率领的永定地方红军会合，三占闽西政治、经济、文化中心龙岩，全歼土著军阀陈国辉部三千余人，不仅缴获大批枪炮弹药，而且使闽西地方红军迅速发展起来。6月上旬，闽西地方红军改编为红四军第四纵队。

然而，此时红四军内围绕领导工作的方式方法，尤其是党对军队的领导问题发生了争论。一些高级干部、知识分子觉得一切重大问题由党委决定约束太大，在6月下旬召开的红四军党的第七次代表大会上，错误思想占了上风，加之中共中央来信要求朱、毛离队，最后会议没有选举毛泽东为前委书记。寻淮洲是一名不小的知识分子，又是军事干部，他坚决拥护毛泽东所倡导的党对军队的领导原则，对于毛泽东的离职他百思不解，可是作为一名普通的党员，他必须无条件地服从党的决议。

6月底，蒋介石得知红四军在闽西节节胜利，为了扭转败局，他发动闽、粤、赣三省的第一次"会剿"。针对来势汹汹的敌人，红四军决定以一纵队和四纵队于闽西坚持斗争，二纵队和三纵队由朱德率领出击闽中，同时派陈毅赴上海向党中央汇报红四军的状况和"七大"中的分歧意见。

寻淮洲率部随三纵队行动，于溪南歼敌近一个团，乘胜攻克漳平，又歼敌一个营，龙岩守敌闻风而逃。与此同时，第一、四纵队于闽西广泛开展游击战争，迫使敌人退回长汀、永定，从而粉碎了闽、粤、赣三省敌人的第一次"会剿"。

随后，四个纵队会合，于9月20日在朱德指挥下，对上杭县城发起猛攻，一举歼灭郭凤鸣残部卢新铭旅两千余人。接着，乘胜攻占武平和粤北梅县，然后撤回长汀。

这时，由于毛泽东的离开，部队中的思想政治工作大大减弱，极端民主化、单纯军事观点、绝对平均主义、主观主义、个人主义、流寇思想、盲动主义等各种错误思想滋长起来，寻淮洲对此十分担忧。11月中旬，陈毅从上海带回中共中央军委书记周恩来审定的中共中央的指示信，前往上杭请回毛泽东重新主持红四军前委工作，寻淮洲悬着的心终于平静下来。

12月初，按照前委的决定，红四军在连城新泉进行整训。28日在古田溪背村廖氏宗祠召开了党的第九次代表大会，即古田会议。寻淮洲和一百二十多名代表出席了这次具有伟大历史意义的大会。大会经过三天激烈的讨论，通过了毛泽东起草的《中国共产党第四军第九次代表大会决议案》，列举了红四军内存在的各种错误思想，指出了纠正方法；明确规定了红军的无产阶级性质和基本任务以及政治工作的地位。

1930 年 1 月，闽、粤、赣三省敌军又纠集十四个团的兵力，对闽西根据地发动第二次"会剿"。毛泽东、朱德等当即指挥闽西红军进连城，占广昌，抵东韶。结果，福建各派军阀火并纷纷后撤，江西军阀忙于保护老巢，广东军阀则无心恋战，于是敌军的第二次三省"会剿"成了"会而不剿"。

此时，全国各地大小军阀混战此起彼伏，而赣南闽西红军迅速发展起来，不仅有红四军，而且红五军也得到了恢复和发展，活动在赣西南的地方红军和赤卫队也改编为红六军。

为了发展大好形势，毛泽东、朱德等集中优势兵力，于 2 月 24 日、25 日挥师吉安以东的水南地区，一举歼灭蒋介石的嫡系部队唐云山旅大部，俘敌一千六百余人，缴枪两千余支。接着南袭赣州，北上江口，东转于都，向瑞金、汀州、会昌一带发展。

4 月，蒋、冯、阎军阀混战中原，红军趁机迅速扩大，将闽西地方红军升编为主力红军，成立红十二军。为了加强红十二军的领导力量，红四军从第三纵队抽调部分骨干予以援助，伍中豪调任红十二军军长，寻淮洲被抽调到红十二军三十四师一○○团担任营长。

当寻淮洲踏上新的征途之时，连里的战士们个个热泪盈眶，送了一程又一程。

寻淮洲随伍中豪等到达红十二军就职后，立即深入连队熟悉情况和调查研究。他了解到不少同志刚刚入伍，他们作战英勇顽强，但组织纪律散漫，而且大部分是福建籍战士，小部分是广东和湖南、江西籍战士，他们有时为了一点小事也闹得不可开交。寻淮洲耐心地给大家讲解团结的极端重要性和组织纪律散漫的危害，要大家互让互谅，互相照顾，互相爱护，加强组织纪律，搞好革命队伍的团结。在寻淮洲的细心引导下，全营干部、战士的组织观念大大加强，官兵之间、战士之间的关系日益融洽，战斗力大大增强。

6月，根据中共中央在上海秘密召开的全国红军代表会议的精神，为适应以游击战为主向以运动战为主的战略转变的需要，红四、六、十二军扩编为第一路军（不久改称第一军团），朱德任总指挥，毛泽东任前委书记兼政委，下辖红三、四、十二、二十军共四个军两万余人。

以李立三为代表的"左"倾冒险主义在党中央取得统治地位，号召全国红军"会师武汉，饮马长江"，攻打敌人坚固设防的中心城市。

6月下旬，朱德、毛泽东服从党中央的决定，率领红一军团主力从福建长汀出发，挥师北上，于7月24日攻占樟树镇，歼敌第十八师一部。30日，又进逼江西省府南昌，因敌人力量强大，防守严密，毫无取胜把握，便于8月1日派遣罗炳辉率领红十二军三十四师一部攻击牛行车站，并隔江向南昌市区鸣枪示威，以纪念南昌起义三周年。

随后，寻淮洲率部随朱德、毛泽东转兵西进。这时，湘敌正加紧围攻彭德怀指挥的红三军团。朱德、毛泽东从报纸上获悉，当即果断决定率部挺进湖南。

8月20日，追击红三军团的湘敌第四路军右路戴斗垣第三纵队，进至浏阳文家市地区。红一军团前委当即决定趁敌立足未稳奔袭该敌，在当地赤卫队的配合下，经三个多小时的激战，歼敌三个团又一个营，击毙敌纵队司令兼旅长戴斗垣，缴获长短枪一千五百余支、机枪三十七挺，取得了红一军团成立以来的第一个大胜仗，有力地支援了红三军团。在这次战斗中，寻淮洲所在的红十二军担任右翼攻击，给敌人以重大杀伤。

8月23日，红一军团和红三军团在永和市胜利会师，组成红军第一方面军和红一方面军总前敌委员会，朱德任方面军总司令，毛泽东任方面军总政委兼总前委书记，下辖第一、三两大军团。寻淮洲所在的红十二军仍属红一军团建制。

红一方面军成立后，兵分三路推进湖南省城长沙。9月3日，一举歼灭出击的守敌两个多团，仅俘虏就达一千余人。9月10日，对长沙城发动总攻，接连突破敌人两道工事，攻击第三道工事时，采用"火牛阵"，冲破了一些电网，突进了一些部队，但因敌人兵力众多、工事坚固、火力猛烈，无法攻入城内而被迫退到城外，加之敌援军蜂拥而至，为防腹背受敌，总前委决定撤围长沙，将部队转移到醴陵、萍乡一带休整以待时机。

10月4日，寻淮洲所在的红十二军奉命和红四军、红三军以及赣西南的地方红军第二十一军，合力攻克吉安，这不仅大大地激发了当地工农群众的革命热情，使赣西南革命根据地得到巩固和发展，也使江西、湖南的敌人受到了极大的震动，更使红一方面军和当地游击队、赤卫队得到了大量的兵员、武器、弹药和给养，红军军威大振。

打下吉安后，红一方面军进行整编，红十二军得到补充和扩编，取消了营的建制，由团直辖连，寻淮洲由营长升任红十二军三十四师第一〇〇团团长。

纵横驰骋

(1930—1934)

→ 参加第一次反"围剿"

★★★★★

（18—19岁）

1930 年 10 月，蒋、冯、阎军阀中原大混战结束，蒋介石以 30 万壮丁死于疆场、伤者无数的代价坐稳了"皇位"。突然，来了军报：朱、毛占领吉安。这如同一盆冰水浇到蒋介石的头上。但是，此时他正趾高气扬，把红军问题看得无关紧要，称江西共军纯属地方事件，应由地方官负责。于是，他乘专机飞回浙江老家，待半个月后才到达湖北汉口主持"剿匪"会议。会议委任江西省政府主席鲁涤平为南昌行营主任，第十八师师长张辉瓒为前线总指挥，调动十万大军，对中央革命根据地发动了第一次反革命"围剿"。

这时，中央红军有约四万人，根据敌强我弱的实际，红一方面军总前委决定实施"诱敌深入"，将主力撤退到江西宁都一带，隐蔽集结，待机歼敌。

蒋介石发动这次"围剿"，纠集了南昌、抚州及其以南地区的张辉瓒、谭道源、公秉藩等八个师的兵力，在鲁涤平、张辉瓒的指挥下，长驱直入，分进合击，企图一举"剿"灭中央红军，踏平中央革命根据地。

张辉瓒率领的第十八师和谭道源率领的第五十师是这次"围剿"的主力。可张辉瓒目空一切，而谭道源、公秉藩等根本就不买他的账。12月20日，公秉藩率第二十八师进抵红军已经撤离的东固，便通电报捷。次日清晨，大雾弥漫，张辉瓒也不联络，率领第十八师抵达东固，与公秉藩部厮杀近四个小时大雾方散，双方损失惨重，却连个红军的影子也未见着。

张辉瓒十分恼怒，将公秉藩狠狠地训斥了一顿。公秉藩则一气之下将队伍拉到富田，脱离了张辉瓒的指挥。蒋介石却从南京发来急电，斥责张辉瓒贻误战机，残杀第二十八师，同时嘉奖公秉藩及其部属首战东固之功。而老奸巨猾的谭道源却不按照原定战术实施，采取稳扎稳打的策略，将其所率部队驻扎于狭长地带的源头，同时催促张辉瓒向源头靠拢。

张辉瓒邀功心切，对谭道源、公秉藩等不放在眼里，对红军更是不屑一顾。12月29日，他将一个旅留守东固，自己亲率两个旅大摇大摆地开进龙冈，一路烧杀抢掠，坏事做尽。

然而，就在张辉瓒率部进入龙冈的当天，朱德总司令、毛泽东总政委向埋伏在龙冈附近的红一、三军团发布了《攻击龙冈张辉瓒部命令》。红十二军奉命担任左翼攻击任务，寻淮洲率领的红十二军三十四师一〇〇团，奉命担任坚守龙冈万功山主峰的重任。

受领任务后，寻淮洲组织召开了团、连负责人会议，集思广益，要求全团指战员：要不惜一切代价守住万功山，做到人在阵地在，誓与阵地共存亡，决不让人民的万功山落在敌人手中，也决不让敌人从阵地上逃脱。

12月30日凌晨4时，寻淮洲率领全团按计划准时轻装出发，在向导的带领下，顶着隆冬的寒风，披荆斩棘，全速挺进。但是，由于一路山道奇险，加之必需绕道，路程较远，尽管尽了最大努力，仍然未能按时到达万功山阵地。待他们抵达万功山山脚时，战斗已经打响。寻淮洲当即带领指战员不顾疲劳，一气冲上了万功山山顶。他从山顶往下一望，只见敌人已经黑压压地爬上来了。他立刻组织部队一阵猛扫，将敌人打了下去。

在打退敌人的第一次冲击之后，寻淮洲立即通知各连连长到团指挥所开会，向他们扼要了解战斗伤亡、兵力和火力配备等情况，并根据实地地形调整了具体战斗部署，强调了注意事项。团政委和参谋长就战场鼓动和兵力部署等也分别作了简短的补充。此后，寻淮洲向政委和参谋长交代了工作，便带着警卫员到各连阵地检查去了。

在万功山下的张辉瓒，使出浑身解数，又是手执左轮手枪枪毙逃兵威逼，又是出重赏组织了一个几百人的敢死队在前面开路，并调来迫击炮对准山头狂轰助威壮胆。

寻淮洲则下令部队依托有利地形，将敌人放近了打，以便有效而大量地消灭敌人。当敌人进到距阵地五十米左右之时，他下令全团轻重火器一齐开火，手榴弹在敌群中一排排炸开，大石头也铺天盖地般"轰隆隆"往下滚，敌人非死即伤。当敌人在重赏诱惑下而疯狂地冲击、阵地被敌人撕开两道小口子之时，寻淮洲及时调上机动部队快速增援。最后，敌人在万功山山坡上留下了大量的尸体，余下的狼狈地败下阵去。

战斗持续到下午2点多钟，敌人疲惫沮丧，无力组织冲锋。在这短短的几个小时内，寻淮洲率领红一〇〇团以英勇和机智打退了敌人十八次冲锋，消灭了大量敌人，有力地保障了整个战斗的顺利发展。

到下午3点多钟，在红军的四面合围下，尽管敌人四处垂死挣扎，却已成瓮中之鳖。

激烈的战斗结束后，漫山遍野是打扫战场的红军。红一〇〇团在寻淮洲的率领下，下山认真打扫战场。在一条山沟旁的一束茂密的杂草下，几个战士发现了一个山水冲刷成的土窝，拨开杂草，发现里面蹲着一个人，就将他拖了出来。只见那人又矮又肥，上穿一件过分窄小的士兵上衣，下着一条黄呢子军裤，脚穿满是泥巴的长筒马靴，如同一条丧家之犬。战士们一看就像个大官，问他是什么人，他回答说是军部书记官。可是，将他押到俘虏群中，许多俘虏却检举说他就是张辉瓒。

活捉了敌前线总指挥张辉瓒，这可是特大的好消息。寻淮洲当即派遣几个战士看住他，打扫完战场后，就带领几个战士将张辉瓒反绑着双手押到龙冈镇街口右边的万寿宫去见朱德、毛泽东，他们可是张辉瓒朝思暮想要缉拿向蒋介石邀功请赏的"朱毛"。

红军指战员和周围群众听说捉住了张辉瓒，都奔走相告，不一会儿就把万寿宫围得水泄不通。可张辉瓒见到了朱、毛，却丑态百出。他先是气壮如牛地讨价还价："讲个实价吧，要多少钱就放我？"继而像个泄了气的皮球耷拉着脑袋，最后，"扑通"一声跪地求饶：只要不杀他，愿当朱毛的参谋长，当个马夫也行，干什么都行，还愿出钱、出枪炮、出药品，要将功赎罪。给他个凳子坐，他却在慌忙中坐在凳子的一头，连人带凳翻倒在地。

毛泽东上前扶正凳子，示意他坐好，严肃地告诉他："张屠夫，我们有的是人才，参谋长、马夫我们都有了，不需要你来当，当参谋长你还不配。至于钱、枪炮、药品，也不需要你来给，我们的运输大队长蒋介石是不会忘记我们的，他自然会给我们送来。至于杀不杀你，那要问苏区军民同意不同意喽！"

龙冈一战，歼敌第十八师师部及两个旅共九千余人，活捉了敌前线总指挥、第十八师师长张辉瓒，缴获了大批武器弹药，尤其是缴获了不少好武器，如哈齐克斯轻机枪和马克沁重机枪。据守源头的谭道源见势不妙，慌忙掉头逃窜东韶。

1931年1月1日，红军乘胜星夜兼程追击。当晚，红十二军追至中村，将谭道源殿后的一个团截住，一顿掩杀，将敌歼灭大部，余敌望风溃逃。

次日，谭道源率部逃至东韶，凭借要隘企图负隅顽抗。当晚，朱总司令、毛总政委于小布向红一方面军发布了攻击东韶之敌的命令。3日上午，寻淮洲所在的红十二军奉命从正面对敌发起攻击。敌人已成惊弓之鸟，开始还凭险据守，继而见红军四面合围，加之屡电求援未果，便四散逃命。红军

▽ 第一次反"围剿"时的红军部队

乘胜追击，追至宜黄附近将谭道源师歼灭过半。

至此，第一次反"围剿"胜利结束。仅五天时间，红军接连打了两个大胜仗，歼敌一个半师，极大地增强了苏区军民反"围剿"必胜的信心。至于罪恶滔天的张辉瓒，在他亲手制造的"东固40里无人区"，自然受到了苏区人民的严厉惩处。

反"围剿"胜利结束后，不满19岁的寻淮洲由团长升任红十二军三十五师师长。

→ 参加第二次反"围剿"

★★★★★
（19岁）

1931年2月，不甘心失败的蒋介石又调集20万兵力，采用"步步为营，稳扎稳打"的战术，对红军发动了第二次反革命"围剿"。

这时，红军仅三万余人。为了粉碎敌人的"围剿"，总前委决定仍采取"诱敌深入"的方针，实施"集中主力，各个击破"。

4月下旬，红军主力奉命集结于龙冈、东固等地区，待机歼敌。寻淮洲所部红三十五师奉命于高兴圩一带阻击、袭扰敌第十九路军，配合主力行动。

为了圆满完成总部交给的任务，有效地打击敌人，拖住敌人，保障主力红军行动，战前，寻淮洲组织召开了师、团负责人会议，充分发扬军事民主，详尽地分析了敌我态势，提出了扰敌、堵敌、截敌、袭敌、诱敌、毒敌、捉敌、侦敌、饿敌、盲敌十项任务，号召全师指战员敢打必胜，在战略上藐视敌人，在战术上重视敌人；相信人民群众，紧紧地依靠人民群众，压倒敌人，拖住敌人。在寻淮洲的正确指挥下，红三十五师在高兴圩地区时而分散，时而集中，大显身手，搅得敌第十九路军官兵晕头转向，从而有力地保障了红军主力的大规模行动。5月16日至22日，主力红军三战三捷，歼敌近三个师。

红三十五师胜利地完成了阻击、袭扰第十九路军的任务后，在寻淮洲的带领下，经一天一夜急行军，按时抵达永丰县的中村，与军部和红三十四、三十六师会合奉命东进广昌。

5月27日中午，红十二军在军长罗炳辉的率领下，提前一个多小时赶到广昌县城南郊，与红三军、红四军和红三军团完成了对广昌之敌的包围。下午1时，红军对广昌之敌发起总攻。经激战，当日攻克广昌，歼灭守敌两个团。第二天，按照总部的部署，红一军团和红三军团所属各军乘胜奔袭建宁。

建宁，地处闽赣交界，不仅战略地位极为重要，而且是闽西北的"鱼米之乡"。县城内外，盘踞着号称"福建第一师"的敌刘和鼎第五十六师。

5月29日拂晓，建宁城大雾弥漫，朱德、毛泽东指挥红十二军与红三军团从南、北、西三面突然同时发起猛攻。此时，刘和鼎及其部下睡意正浓，他们做梦也没想到红军会突袭建宁城，一个个从睡梦中惊醒，手足无措，陷入一片混乱。

寻淮洲呐喊着带领红三十五师的勇士们迅猛出击，控制了城南的大片山头，并派出一部分兵力从南门外抢渡濉溪，占领对岸东边的山头，一下堵住了敌军南逃的通道，然后调集张辉瓒"奉送"的马克沁重机枪和哈齐克斯轻机枪对准敌群猛烈扫射，同时派遣小分队多路出击敌后，敌人四处受击，阵脚大乱，一片鬼哭狼嚎。

下午3时，寻淮洲率领红三十五师扫除了南门外的障碍，像一把不卷刃的钢刀直插南门广场。这里是敌人的军需重地，敌军需和防守部队见势不妙，慌忙逃向东门大石桥争相逃命，广场上到处丢满了马匹和鼓鼓囊囊的麻袋，里面装满了银元、药品、布匹、食盐和被服等物资。留下部分人员收集物资，寻淮洲立即率部主力杀向敌师部，将正准备逃命的敌无线电台人员和手枪营截住，对其实施强大的政治攻势，敌自知鸡蛋砸不过石头，乖乖缴械当了俘虏。接着，寻淮洲率部冲向东门大石拱桥。

在红三军团各军与红十二军其他部队的夹攻下，敌人全线崩溃，而东门大石拱桥是敌人唯一的退路，逃命的敌人争先恐后地窜向这里。于是，桥头人头攒动，桥上更是乱成一锅粥，逃命的官兵互相倾轧。

就在敌人闹得不可开交的时候，寻淮洲率部主力冲到了石桥边。敌人已是惊弓之鸟，见大队红军到来，立马两手一举，"扑通扑通"跪下一大片。

战斗持续到下午6点方才结束。德国式装备的刘和鼎师共七千余人，只剩下刘和鼎与五六百残兵败将得以逃脱。

至此，蒋介石发动的第二次反革命"围剿"被彻底粉碎。仅短短的十五天时间，红军由西到东横扫七百里，接连打了五个大胜仗，歼敌三万余人、缴枪两万多支。

→ 牵牛鼻子

★★★★★

（19岁）

　　1931年7月初，蒋介石坐镇南昌，亲自指挥30万大军，浩浩荡荡杀向中央革命根据地，发动了第三次反革命"围剿"。

　　此时，中央红军三万人正分散于赣南、闽西的广大地区开展地方工作。在强敌面前，总前委正确地分析了形势，确定了避敌主力、打其虚弱、乘胜追歼的战略方针，决定主力绕道千里，回师兴国，利用根据地的有利条件，发动群众，待机歼敌。

　　可是，到达兴国后，敌人已重兵压境。为了改变这种状况，总前委调整部署，决定集中主力，突破一点，然后由西向东横扫。结果，意图被敌发觉，被迫改变计划，再返兴国高兴圩集中，寻机歼敌，却已西临赣江，东、南、北三面受敌。在此紧要关头，朱德、毛泽东决定改取中间突破。为了隐蔽作战意图，给敌人造成错觉，朱、毛下令寻淮洲所部红三十五师与红三十五军以及部分地方武装向西行动，诱惑敌人继续向前推进。

受领任务后，寻淮洲当即召集师、团负责人紧急会议，研究和部署了行动计划，并集中部队进行了动员。

8月4日夜晚，红军主力在朱总司令、毛总政委的指挥下，巧妙地穿过两路敌军之间20公里的空隙地带，神不知、鬼不觉地转到了莲塘地区。而红三十五师在寻淮洲的率领下，连夜行动，向相反的万安方向急速开进。与此同时，红三十五军也急速挺进良口。

次日，敌人派出飞机多次侦察，发现兴国高兴圩地区已无红军踪迹，而万安、良口方向却旌旗招展，尘土飞扬。

在当地游击队、赤卫队和人民群众的大力支持与配合下，寻淮洲率领红三十五师在通往万安的要道上，毁路断桥、造灶生火，大写各军路标、号房子、写留言；有的还在马尾巴上拴树枝，闹得沸沸扬扬。他们还甩掉了一些背包、破水壶和坏了的刺刀、破旧子弹袋、大刀、梭镖和破枪，甚至还在一个山谷里做了一些饭菜，又挑选了一个加强营的兵力埋伏于道路两旁、山谷的两边山崖上和山口处。

寻淮洲率红三十五师这么一闹腾，不仅吸引了敌第二路进击军总指挥陈诚所率的第十一、十四师两个"围剿"主力师，而且将敌治得凄惨无比。首先是道路被毁、桥梁全无，敌军被迫停下来修路架桥。可是，队伍刚刚停下，又遭到红军猛烈火力的打击，费了好大的气力，不明不白地死了不少官兵，才把红军打跑。由于道路被毁坏严重，一时无法修复，车辆、火炮无法通过，而陈诚求战心切，不顾左右的劝告，下令丢弃车辆、火炮全速追击。

第二天，陈诚看到道路破坏已少，红军的灶也减少了许多，而且丢了不少的东西，他断定红军已经军心动摇，于是下令部下全力追击。可是，刚走到一个山口，又迎面遇到红军猛烈火力的封锁。费了好大的工夫，并集中所有的小炮和轻、重机枪轰击，又死伤了一批官兵后才冲过山口。

第三天，道路破坏甚微，灶更是骤减，军用物资遍地都是。到中午时分，陈诚率部进至一个山谷，那里更是遍地狼藉，甚至灶里还冒着烟，锅里还有刚做好的饭菜，有的已经吃了一半，有的还没有动过。他见此情景，兴奋得几乎自己姓什么都忘了。而他的部下却乱了套，见到现成的饭菜，如同一群饿狼见到了美食。连日来，他们深入苏区，苦不堪言，后勤供给不上，苏区军民又实行坚壁清野，他们三天有两天吃不饱肚子，有时一天也吃不上一顿饭，一个个叫苦不迭。

陈诚眼见队伍大乱，知道大事不好，气得破口大骂，并掏出手枪，击倒几个正在抢食的士兵，总算镇住了官兵。

可是正在这时，突然山谷两边的山崖上和山口枪声大作，震耳欲聋。寻淮洲埋伏的一个加强营向山谷里惊魂未定的敌人倾泻着愤怒的子弹、手榴弹，同时利用一些破旧煤油桶燃放鞭炮，把整个山谷搅得惊天动地，敌人顿时死伤狼藉，没死未伤的敌人仓皇向后逃窜。

逃出山谷后，敌人见红军没有追赶，方停住了脚步。狡黠的陈诚将所属官兵重新纠集起来，以猛烈火力掩护敢死队和大部队从正面与两翼山梁上攻击前进，折腾了两个多小时，耗费了大量的弹药，待攻占山谷口和山崖时，除了发现几个吊着的破煤油桶，连一个红军的影子也没见着。

陈诚气得半死，下令部下快追，立马又咆哮："注意严加警戒，切不能再上共匪的当，尤其是大道两边的树林、山梁和隘口，一定要注意搜索！"

在陈诚的严厉催促下，初步尝到红军厉害的第十一、十四师官兵心惊胆战地向前移动着，哪里有点风吹草动，他们慌忙趴下一顿排枪，然后是两翼包抄，实在是草木皆兵。

就在寻淮洲率领红三十五师在万安一带与陈诚指挥的两个"围剿"主力师斗智斗勇之时，红三十五军在良口一带也大张旗鼓地活动，将敌第一路进击军总指挥赵观涛所指挥的第六师诱到了良口。而秘密进入莲塘地区的主力红军在朱总司令和毛总政委的指挥下，于8月7日先后对莲塘、良村之敌发起猛烈攻击，歼敌第四十七

△ 中央苏区第三次反"围剿"遗址

师一个多旅和第五十四师大部，给敌右翼集团军以沉重一击。

寻淮洲预计敌人即将撤退东进，为了拖住敌人拖垮敌人，他根据毛总政委制定的"敌进我退，敌驻我扰，敌疲我打，敌退我追"的游击战争的战略方针，对部队进行了周密的部署。

果然，8月9日，敌左翼集团军总司令兼前线总指挥何应钦，严令陈诚放弃继续西进追"剿"红军的计划，即率第十一、十四两个主力师东进合围红军主力。

寻淮洲灵活机动，他将部队时而集中，时而分散，时而追击，时而伏击，四处袭扰敌人，打得敌人整日提心吊胆，一个个饥疲沮丧。

　　在寻淮洲的率领下，红三十五师给敌以沉重打击，有力地牵制了敌人的有生力量，给红军主力创造了歼敌的良好时机。8月11日，红军主力又在黄陂一举歼敌四个多团；9月7日，在高兴圩附近的老营盘歼敌一个旅；9月15日，又歼敌一个师及另一个师的一部，在七十五天之中，打了五个大胜仗，溃敌七个师，歼敌十七个团，毙伤俘敌三万余人，缴枪两万多支，彻底粉碎了蒋介石发动的第三次反革命"围剿"。

→ 东南转战

★★★★★　　　　　　（19—20岁）

　　第三次"围剿"，又以红军的胜利而告结束，蒋介石在南昌军事会议上，不由自主地叹息：

"我们十个人不能当一个人用，我们三十万兵，打不过他们（指红军）三万兵。"

经过这次惨败，蒋介石深感红军已非等闲之辈，但他并未就此放下屠刀。

这时，野心勃勃的日本帝国主义悍然发动了震惊中外的九·一八事变。蒋介石面对日本帝国主义的挑衅，却不顾民族利益和全国人民的强烈反对，下令东北军"绝对不抵抗"，将几十万东北军一枪不发撤入关内"围剿"红军，致使东北三省不到三个月时间就沦为日本帝国主义的殖民地，三千万东北同胞成为亡国奴，而对于共产党所领导的工农红军，仍不惜血本加以"围剿"。

1931年10月，红十二军在长汀与闽西地方红军组建的新红十二军合编，红十二军主力三十四师和三十五师奉命调回江西编入红四军，红三十五师被编为红四军第十三师，寻淮洲仍任师长，张际春任政治委员。11月，寻淮洲到瑞金出席了第一次全国工农兵代表大会，大会选举毛泽东为中央工农民主政府主席。12月中旬，进攻红军的国民党第二十六路军一万七千余人，在赵博生、董振堂率领下举行宁都起义，部队改编为红军第五军团。

1932年1月，把持中共中央和中央军委领导大权的王明等人，实施"左"倾错误领导，要求全国红军"为占领几个中心城市以开始革命在一省数省首先胜利而斗争"。

2月初，为了执行中央的决议，红一方面军围攻三面环水、层层设防的赣南经济、政治、军事中心赣州，结果围攻了一个月零三天，不但未能攻克赣州，而且红军损失巨大。

赣州战役后，中央红军各军团所属军的序列作了调整。寻淮洲所率领的红四军十三师也于3月28日编为红一军团十五军四十五师，寻淮洲任红四十五师师长。

为了利用两次"围剿"的间隙，打到闽南外线去，开辟新的根据地，3月底，根据毛主席的提议，红一军团和红五军团组成东路军。寻淮洲率领的红四十五师奉命担任东路军前卫。

4月10日，在毛主席的率领下，东路军趁敌不备，向龙岩守敌发起进攻。寻淮洲率领红四十五师首先消灭了小池守敌，然后在红四军的密切配合下，全歼考塘守敌一个多团，随即占领龙岩，从而打开了东征漳州的大门。

4月11日，毛主席研究决定，以红五军团十三军驻守龙岩，保障东路军主力侧后安全；以红一军团十二军活动于武平、上杭地区，牵制粤军；以红一军团四军、十五军和红五军团三军东进攻打漳州。

4月19日拂晓，在毛主席的亲自指挥下，红四军向十二岭、风霜岭发起猛烈攻击，歼敌一个旅；寻淮洲所在的红十五军奉命佯攻宝林桥，强渡芗水，配合红四军歼灭和击溃沿途各据点的敌人。

接着，寻淮洲率领红四十五师从板溪和盘桓岭之间打开一个缺口，切断了天宝镇敌人逃向漳州的退路，各部队立即从四面八方向天宝镇发起猛攻，经不到一个小时的激战，就将守敌全部歼灭。上午，红十五军对靖城镇守敌发起攻击，敌一触即溃，纷纷缴械投降。躲在漳州城里的张贞见败局已定，即将城内弹药库焚毁，率领残部弃城而逃。次日，红军东路军浩浩荡荡开进漳州城。

漳州战役，东路军歼灭守敌张贞第四十九师大部，缴枪两千余支、炮六门、子弹十三万余发、各种炮弹近五千发及大量银元、布匹、药品等物资，并缴获飞机两架，取得了辉煌胜利。不仅扩大了红军的政治影响，开辟了闽南革命根据地，缴获了大量战利品；而且使干部、战士都换上了新军装；寻淮洲和绝大多数指战员一样，还"土包子"开了不少洋荤：他在漳州第一次看了"唐伯虎点秋香"的无声电影，第一次坐了小汽车，第一次上了飞机，第一次照了相，第一次看到和使用了自来水、电灯……

可是，就在东路军于漳州和南靖一带打土豪、筹粮筹款和发动群众抗日救国之时，由彭德怀率领的红三军团组成的西路军在湘赣边界却遇到了极大的困难。蒋介石调集六个师的兵力，在何应钦的指挥下，对红三军团实施围攻。红三军团被迫撤出上犹、崇义一带，赣南革命根据地受到粤敌的巨大威胁。

为了保卫赣南根据地，东路军由漳州回师赣南。红一、红五军团指战员一路急行军，进抵广东乌径地区。7月8日，粤敌一个师企图逃窜南雄，红五军团于水口圩将敌截住，经激战，溃敌两个团。

次日，敌派遣一个师又一个旅紧急由南雄驰援水口。当日中午，援敌与守敌会合并向红五军团疯狂反扑。红五军团与敌展开激烈拼杀，结果情报有误，错把九个团的敌人当成三个团打，幸亏陈毅率领江西独立第三师和第六师及时赶到方才稳住阵脚。

当日下午，红一军团和红十二军奉命紧急开往水口增援，翌日拂晓抵达水口战场，向敌发动猛烈冲杀。寻淮洲和张际春率领红四十五师呐喊着与敌人展开肉搏，杀得敌人鬼哭狼嚎，歼敌两个营。但是，这次由于红三军团未能赶到，敌我兵力基本相当，经几个小时的恶战，虽然给敌以重创，却未能将敌全部消灭，敌大部逃回南雄。

水口战役后，寻淮洲率部与兄弟部队在南雄以东的粤赣边一面休整，一面打土豪筹款。

8月初，方面军和中央局对部队进行整编。在这次整编中，红四十五师被编为红一军团三十一师，寻淮洲和张际春仍分别担任师长、政委。

整编结束后，红一、三、五军团于8月16日至22日发起乐（安）宜（黄）战役。乐安战役全歼守敌一个旅。宜黄战斗，歼灭守敌一个师部和两个旅大部。一周内，红军两战两捷，仅俘敌就达五千余人。

参加第四次反"围剿"

★★★★★

（20—21岁）

乐宜战役后，红一方面军主动撤回中央根据地的北部进行休整。

1932年10月，蒋介石又调集近50万兵力，分左、中、右三路对中央革命根据地发动第四次反革命"围剿"。

为了粉碎敌人的"围剿"，红一方面军于10月中旬到次年1月上旬先后发动了建（宁）黎（川）泰（宁）战役和金（溪）资（溪）战役。寻淮洲和张际春奉命率领红三十一师参加了这两大战役，并在金资战役的浒湾战斗中，独当一面，担任右翼队。而当红一军团在枫山埠附近与敌两个旅共六个团遭遇时，红三十一师又奉命加入作战。寻淮洲和张际春率领红三十一师勇猛冲杀，杀得敌人人仰马翻，敌人招架不住，逐渐向西溃退。

　　此时，寻淮洲忧心忡忡。因为，在 1932 年 10 月上旬，王明等"左"倾错误领导者把持的中共中央召开了宁都会议，毛泽东不仅受到错误批评，而且被撤销了红一方面军总政委的职务，美其名曰专职政府工作，实则将他排挤出了红军的领导岗位。寻淮洲深有体会：毛主席运筹帷幄的军事指挥艺术高超，政治才能亦杰出而非凡。自秋收起义以来，跟随他转战南北东西，有他掌舵，红军就胜利和发展，否则就要遭受挫折和失败。不过，值得庆幸和宽慰的是，毛泽东被免职后，担任红一方面军总政委的是周恩来，而且毛泽东的战略思想、战术原则和给红军创立的一整套制度，在红军中已有极其深厚的基础和影响。

　　浒湾战斗后，根据周恩来总政委的建议，红一方面军主力北上贵溪等地，打通了与赣东北红十军的联系。1933 年 1 月 25 日，寻淮洲和张际春率领的红三十一师在贵溪上清宫与方志敏、周建屏等创建的赣东北红十军合编，组成红十一军，周建屏任军长、方志敏任政委、粟裕任参谋长、刘英任政治部主任，下辖第三十一、三十二、三十三师共三个师，归红一方面军下辖的闽赣军区指挥，寻淮洲和张际春仍然分别担任红三十一师师长和政委。

2月9日,红十一军奉命南下随红一方面军攻打有敌五个团防守,并设有坚固防御工事的南丰城。敌中路军总指挥陈诚闻讯,一面令南城守敌一个师南下南丰,一面令中路军各部迅速向南丰推进,企图聚歼红一方面军。

面对敌人重兵压境,红一方面军总司令朱德、总政委周恩来毅然决定采取退却步骤,以红十一军伪装主力,由南丰向东北的黎川方向前进,下令方面军主力秘密转移到西南的宁都东韶、洛口地区待机。寻淮洲和张际春当即率领红三十一师与红三十二、三十三师一道,由南丰大张旗鼓地向东北的黎川方向进击。

这次诱敌和上次大不相同,兵力上得到了大大加强,不仅有诱惑过陈诚的原红十二军三十五师,而且有方志敏、周建屏等创建的赣东北红十军。这两支部队,都久经战火考验,具有丰富的作战经验,因而诱敌以实攻为主,虚张声势为辅,集中主力攻击敌人孤立和防守薄弱的据点和碉堡,并以多路小分队同时袭击敌后粮库、弹药库,辅以号房子、写路标、刷标语、马尾巴上拴树枝和攻击敌人时燃放鞭炮等,搅得敌人心惊肉跳。

红十一军的行动,立即吸引和迷惑了陈诚。他以其指挥的中路三个纵队的第二纵队四个师侧击黎川、建宁;以第三纵队的四个师,从正面向黎川方向推进,企图合击红一方面军于黎川、建宁地区;同时以第一纵队的第五十二、五十九师由乐安东进宜黄黄陂与第十一师会合,切断红一方面军的退路。结果,陈诚率部主力追至黎川,却扑了空；而第一纵队与第二、三纵队的距离拉大，态势孤立。当第五十二、五十九师由乐安进至黄陂地区时，却被朱德、周恩来率领的红一方面军的真正主力装进"口袋"，大部被歼灭，敌五十二师师长李明、五十九师师长陈时骥被活捉。

黄陂大捷后，红一方面军主力秘密转移到了宁都的小布、东韶、洛口地区休整待机；而红十一军则奉命进至广昌及其西北地区，在地方武装和人民群众的密切配合下积极活动，于广昌洽村给陈诚的前纵队以迎头痛击，致使陈诚误以为红军主力在广昌而加速推进，结果前纵队与后纵队的距离越拉越大，当后纵队的第十一师进至峰峦叠嶂的草台岗地区、第九师进至宜黄东陂地区时，前后两个纵队已相距四五十公里，且后纵队势孤力弱。于是，红一方面军主力趁机猛烈出击，敌第十一师除约一个团得以逃脱外，其余全被歼灭；此外，还歼灭了敌第五十九师残部和第九师一部，取得了草台岗战斗的伟大胜利。

至此，蒋介石发动的第四次反革命"围剿"基本被打破。

这次，蒋介石损失极其惨重，仅黄陂、草台岗两战，就被歼近三个师，被缴枪两万余支，且这三个师都是他用最新式的法国造"哈齐克斯"轻机枪和德国造自动步枪装备起来的嫡系主力师；而第十一师，不仅是他的嫡系部队，而且是他的精锐"王牌师"，是他的心腹陈诚起家的基石。为此，在这次"围剿"结束后，蒋介石哀叹道："实有生以来唯一之隐痛。"陈诚也哀叹："诚虽不敏，独生为羞。"

在这次反"围剿"作战中，寻淮洲率领红三十一师与红三十二、三十三师一道，调动和牵制了敌数师"围剿"主力，有力地保证了红一方面军主力大规模地歼灭敌人。在这次反"围剿"战争结束后，寻淮洲受到中央革命军事委员会的特别嘉奖，并被提升为红二十一军军长。

1933 年 6 月初，中革军委下令对红一方面军进行大整编，一律撤销军部，由小师小团整编为大师大团。寻淮洲奉命率领红二十一军于江西永丰大湖坪与邓小平、张云逸等创建的红七军合编为红三军团第五师，寻淮洲任红五师师长，乐少华、龙腾云和黄克诚分别担任红五师政委、参谋长和政治部主任，下辖第十二、十三、十四、十五团共四个团。

→ 东线鏖战

1933 年 6 月中旬，"左"倾错误领导者实施"两个拳头打人"，推行军事平均主义，将红军主力一分为二，下令红一方面军以一部分组成东方军，另一部分组成中央军，以求在两个战略方向上同时取胜，实现所谓革命在江西省的首先胜利。

7 月 1 日，红三军团四师、五师和红五军团十九师、三十四师奉命组成红军东方军，司令员彭德怀、政委滕代远。次日，东方军所属各部由江西向闽西进发。寻淮洲奉命率领红五师由江西石城地区向闽西宁化东北的泉上挺进。

7 月 5 日，寻淮洲率部攻占泉上土堡外围，一面组织部队将大土堡严实包围起来，一面组织力量对土堡轮番进行坑道作业，同时派遣一个团东进归化，歼灭守敌一个营，解放归化城。

7月18日深夜，经十余天的日夜挖掘，终于完成了对土堡的坑道作业，挖掘了一条长百余米、宽二三米、高二米的大坑道，并将炸药装入三副大棺材内叠放于土墙下，用毛竹将导火线引出坑道外，然后用泥土堵塞十余米并砸紧。次日凌晨，寻淮洲下令起爆，随着惊雷般的巨响，土墙被炸开一个大缺口，寻淮洲当即指挥部队勇猛攻击。经不到三个小时的激战，就将土堡内的敌人全部歼灭，共毙敌三百余人，俘敌九百余人，缴获长短枪七百余支、迫击炮两门、机枪三挺、驳壳枪六十余支及大量弹药、食盐和粮食与其他军用物资。

红军攻克泉上土堡，泉上的人民群众极为感激，不仅热情慰劳红军指战员，而且青壮年纷纷要求加入红军，这对于闽西的敌人，是一个巨大的打击。

泉上大捷后，寻淮洲率红五师在泉上休整了两天，一面打扫战场，一面发动群众。可是，坐在瑞金城里的"左"倾错误领导者却头脑发热起来，他们下令东方军立即攻占连城。

7月22日，未等深入发动群众，寻淮洲奉命率领红五师向连城推进。可是，当他率领红五师准时赶到指定攻击地域，发现完全处于仰攻的不利地位，而且没有攻击的地点，根本无法完成任务，于是将情况如实报告东方军总部。而东方军总指挥彭德怀已率一个侦察排先红五师侦察了连城的地形和敌人的兵力部署，将情况反映给了方面军司令部，要求根据当时的实际情况，改变原定作战计划，采取围点打援战术，并要求给予作战的机动权。方面军经与"左"倾错误领导者反复争论，终获批准。

彭德怀等获得机动权后，当即决定以朋口为突破口，实施围攻打援。

7月28日，红四师奉命向朋口、莒溪守敌同时发起猛攻。次日晨，寻淮洲亲率红十三团由北团抄小道抢占了朋口东侧高地，控制了制高点。当敌十九路军第七十八师由连城派遣一个团增援朋口之时，立即组织猛烈火力给敌以迎头痛击，同时抽出一个营的兵力迂回敌后。敌腹背受击，无路可逃，被寻淮洲率部就地歼灭。然后，寻淮洲率领红十三团乘胜会同红四师全力攻打朋口和莒溪，当日下午将守敌一个团全部歼灭。

敌第七十八师被歼灭两个团，慌忙将驻连城附近各据点的部队收缩城内，继而放弃连城撤往永安。彭德怀获悉，下令东方军全线出击。敌人狼狈不堪，一昼夜空腹狂奔八十多公里直达永安。寻淮洲率部和兄弟部队一道追至小陶，歼敌一个团后返回。

朋口围歼战，共歼敌十九路军第七十八师一个旅三个团，缴获各种枪支两千余支。此后，十九路军广大官兵开始醒悟：反共是没有出路的，与红军继续作战，必然自取灭亡。

由于十九路军的惨败与收缩，东方军不仅不费一枪一弹收复了连城、新泉苏区，而且开辟了泉上、清流、归化纵横数百里新苏区。

8月13日，坐镇瑞金城里的"左"倾错误领导者又瞎指挥起来，电令东方军立即北上攻打洋口和延平（南平）。16日，东方军除留下红三十四师驻守连城外，其余部队奉命北上，结果费尽心血打下的八九个县的根据地，丢得一干二净。

24日，寻淮洲奉命率领红五师首次抵达沙县，解放了夏茂、高桥等乡镇。接着，与兄弟部队一道攻占了闽江上游的主要商埠洋口和峡阳，击溃敌第五十六师刘和鼎部三个团。刘和鼎率部退踞延平，一面拼命加固工事，一面向十九路军发出求援急电。

根据彭德怀司令员的电话指示精神，寻淮洲下令红五师将延平城包围起来，实施积极佯攻、围城打援战术。在红五师的积极行动和延平守敌的狂呼瞎喊下，8月25日，福州的敌人出动一个师增援，其先头部队一个团分乘数艘汽轮和拖着十几条木船进抵距延平不远的夏道镇。寻淮洲奉命派遣红十三团会同红四师第十团出击，俘敌一个前卫排，而后趁敌上岸做饭和在船上休息之机，以优势兵力猛然出击。敌人仓皇应战，一部被消灭，大部逃回水口。

延平城内的敌人得悉福州援军被击溃，又见城外红军攻势日益凌厉，犹如热锅上的蚂蚁，只得一个劲儿地向沙县驻军求援。9月17日，敌十九路军又从驻守沙县的部队中派出一个团又两个营的兵力前往延平增援。

彭德怀获悉，立即下令红五师撤围延平，会同红四师主力前往延平的西芹和沙溪口，待机歼灭从沙县增援之敌。

兵贵神速，寻淮洲接到命令，立即行动，他以红五师主力、李天佑率领的红十三团为前卫，全师立即经芹山和沿沙溪的四师先头部队平行向沙县推进，并强调：这次可能要打一场遭遇战，遭遇战的特点就是谁抢占了有利地形，谁就胜利，尤其是要注意抢占住主峰，再就是要敢打敢拼，压倒敌人，消灭敌人。

任务艰巨，岂容怠慢。团长李天佑迅速集合部队，在向导的带领下，不顾天降暴雨和夜色漆黑，摸索着向芹山进发。第二天拂晓，经一夜急行军进抵芹山山腰，与敌先头部队遭遇。李天佑当即按照师长寻淮洲的嘱咐，带领全团不顾极度疲劳，拼命冲上芹山主峰后，居高临下先敌开火。

敌凭借装备和兵力的优势拼死争夺主峰，战斗十分激烈，最后双方在山巅展开肉搏战。红十三团的指战员英勇顽强，勇猛冲杀，敌招架不住溃不成军，一批批缴械投降。敌团长见败局已定，仓皇带领几个卫兵和小部官兵逃往高砂。红十三团留下一部打扫战场，主力乘胜追击到高砂。

这一仗，红十三团战果辉煌，全歼敌十九路军六十一师号称"铁军团"的三六六团，击溃敌七十八师一个营和五十二师一个营，一举创造了一个团的兵力在运动中歼敌一个精锐团、溃敌两个营的纪录。

寻淮洲获悉，以无比激动的心情亲自赶到高砂，主持召开了芹山战斗的总结大会，高度赞扬红十三团指战员英勇顽强、敢打敢拼、善于作战的革命精神，称赞这一仗以少胜多、以劣胜强，打得漂亮，打出了红军的军威。

然而，由于连续行军作战，加之天气炎热，东方军不仅伤亡和疾病减员很大，而且部队已极度疲劳。

这期间，由红一军团和红五军团组成的中央红军这个大拳头，却在"左"倾错误领导者的控制之下，活动于敌人的碉堡封锁线之内，基本上没有打什么仗。这样，美其名曰主力红军"两个拳头打人"，实际上是一个拳头置于无用武之地，一个拳头则打得过于疲劳，不仅在整个战略上对敌人没有多大的触痛和打击，而且使国民党蒋介石获得了喘息的时间。

1933年10月，蒋介石从容调集100万军队、200架飞机，对革命根据地发动了空前规模的第五次反革命"围剿"，实施步步为营、碉堡推进的堡垒战术，兵分四路向中央革命根据地大举推进。

面对这种严重的局势，中国共产党却无力对根据地军民实行正确的领导。1933年年初，临时中央由上海迁入中央根据地，临时中央负责人博古等人先后抵达红都瑞金；同年9月，军事顾问德国人李德也来到中央革命根据地，并在博古等人的支持下，掌握了中央红军指挥权。他们在中央根据地及其邻近根据地内加紧贯彻一整套"左"的错误路线、方针和政策，致使红军日益陷入被动挨打的困境。

9月28日，敌北路军三个师为了隔断中央根据地与闽浙赣根据地的联系，攻占闽赣军区司令员萧劲光率领一个仅七十余人的教导队和一些地方游击队防守的黎川。"左"倾错误领导者十分震惊，认为黎川的失守，等于敌人打开了中央苏区的北面门户，于是下令在闽西、闽北作战的红军东方军迅速返回赣东北抵御敌人，重建中央苏区北大门。

10月7日，红军东方军奉命向黎川进击，在黎川东北的洵口与敌一旅三团不期而遇。寻淮洲率领红五师与东方军兄弟部队先敌开火，先敌展开，占领有利地形，迅速将敌冲垮，继而勇猛追击，一举歼敌两个多团，生擒敌旅长。

这一仗，完全是出其不意给敌人一个措手不及的打击，纯属偶然取胜。可是，却被"左"倾错误领导者视为具有普遍意义，并以此为依据，全面实施"御敌于国门之外"、"不丢寸土"的作战方针，将红军主力置于根据地边缘，与强敌拼命，相继下令红军主力攻硝石，打资溪镇。寻淮洲率部与兄弟部队在敌人堡垒中心左冲右突，伤亡巨大，却一无所获。

10月28日，根据中革军委的命令，红十一军和赣东、闽北地方武装改编为红七军团，计编第十九、二十、二十一师等三个师。寻淮洲被任命为红七军团军团长，萧劲光兼任红七军团政委。寻淮洲因率红五师忙于东方战线作战而未就职，萧劲光便身兼三个重任。

11月11日至13日，刚组建的红七军团奉命配合红三军团东线作战，攻打黎川西北的浒湾、八角亭等地，结果两个军团东突西击于敌人主力和堡垒之间，伤亡惨重。

红军主力接连遭受挫折，"左"倾错误领导者却把失败归罪于方面军领导干预了他们的决心和各个军团执行他们的指示不坚决，并于20日以中革军委名义下达了一封致师以上干部的信，对此进行严厉的批评。寻淮洲作为一名师长，对于这种做法百思莫解。

11月下旬，国民党第十九路军发动了"福建事变"，公开宣布联共、反蒋、抗日，中央根据地的东部出现了一个"围剿"的大缺口。蒋介石恼羞成怒，立即将"围剿"中央根据地和红军的二十余万主力部队调往福建，就连驻守京、沪地区的部队大部分也被拉往福建，国民党统治的腹心地区江苏、浙江、安徽一带兵力十分空虚。这对中央红军来说，可是个难得的粉碎敌人"围剿"的大好时机。

可是，"左"倾错误领导者只从政治上同十九路军秘密签订了停战协定，却不从军事上利用"福建事变"去粉碎敌人的"围剿"。12月初，蒋介石抽调北线"围剿"红军的部队去镇压十九路军，由赣东北向闽西、闽北推进，红军主力第一、三、七军团正处在其侧面，如果拦腰击去，敌人必然损失惨重，甚至全线溃退。可是，"左"倾错误领导者把持着军事指挥大权，竟眼睁睁地让敌人大摇大摆地通过了。

被"左"倾错误领导者排挤出红军领导岗位的毛泽东忍无可忍，他建议中革军委：断然将红军主力突进到以浙江为中心的苏、浙、皖、赣地区，从根本上摆脱蒋介石制造的封锁囚笼，将战略防御转变为战略进攻，借以援助十九路军的"福建事变"，推动抗日运动和粉碎蒋介石对中央根据地的"围剿"。

然而，"左"倾错误领导者一意孤行，对毛泽东和其他负责同志的正确建议充耳不闻，仍然坐山观虎斗，直到蒋介石基本消灭了十九路军后才有了"唇亡齿寒"之感，方才采取措施。下令以红三军团为主组成红军东方军第二次入闽作战，驰援十九路军。

根据中革军委的指示，红七军团二十、二十一师于赣东北抵御敌人，红七军团指挥机关和红十九师指挥机关集中福建泰宁整编，并将红三十四师划归红七军团建制，拨给东方军指挥。在这次整编中，"左"倾错误领导者以黎川失守为借口，将萧劲光撤职、公审、判刑，寻淮洲奉命赴任红七军团军团长，乐少华任军团政委。

1934年1月3日，东方军编组就绪，司令员彭德怀、政委杨尚昆等发布"向东突击动作的命令"。红七军团的第十九、三十四师在寻淮洲的率领下，先后奉命从泰宁南下配合行动。

1月25日，东方军攻占沙县县城，全歼守敌闽西土著军阀卢兴邦部两个团及师直属队。同时攻占尤溪县城，缴获卢兴邦部兵工厂一个，取得可喜战绩。

然而，战机早已贻误，东方军第二次入闽作战的胜利，对于粉碎敌人的第五次"围剿"和援助第十九路军的"福建事变"，均无决定性作用。此时，蒋介石重新集结兵力，对中央根据地开始了大规模的反革命"围剿"。

为了阻止敌人的进犯，就在攻克沙县县城的当天，红三军团四师奉命回师泰宁，配合红一、九军团抵御敌人。30日，红五、六师也奉命撤回归化待机。

2月下旬，红三军团奉命返回广昌的头陂一带；红三十四师奉命归队；寻淮洲也奉命率领红七军团军团部和红十九师于3月初与红二十、二十一师会合，集结于归化的夏阳、沙溪一带，待机行动。

→ 闽西连捷

★★★★☆

（22 岁）

　　1934 年 4 月初，蒋介石集中 11 个师编为三个纵队，并配备几十架飞机，大举进攻中央根据地的北面门户广昌，寻求与红军主力决战。"左"倾错误领导者实施"御敌于国门之外"的错误方针，集中红军主力一、三、九军团九个师，以短促突击战术与敌对垒拼命。

　　为了有效地牵制和打击敌人，寻淮洲奉命率部发起著名的归化战役。他以军团参谋长粟裕率领红十九师五十五团和师直工兵连与闽西的红九团对永安城实施坑道作业；以红二十一师占领永安城正面的有利地形；以红二十师占领贡川一带，准备打击由沙县、三元增援永安之敌；他率领红十九师五十六、五十七团打击企图进犯归化的将乐守敌蒋介石的嫡系第十师。

4月12日晚，寻淮洲派遣一个营的兵力埋伏于山峦重叠、树高林密的铜岭西麓的松皮埯，自己亲率一个团占领紧靠归化城的铁岭，其余兵力则占领铜岭和铁岭之间的要隘。

当晚，狡猾的敌人以两个团的兵力抢占了与松皮埯相距几里的铜岭高地。次日晨，其主力抵达铜岭，接着由铜岭经松皮埯向铁岭推进。寻淮洲下令部队严加隐蔽，将敌放近再打。敌人见铁岭上毫无动静，便放松了戒备。当敌进到离山顶仅约一百米时，寻淮洲突然大喝一声："打！"霎时，铁岭上枪声大作，子弹如同暴雨般地泻向敌群。敌人措手不及，连滚带爬逃下山去。寻淮洲下令司号员吹起冲锋号，追歼逃敌。敌人大乱，蜂拥向铜岭溃逃，刚窜到松皮埯前，迎面遭到埋伏在那里的一个营兵力的阻击。溃敌腹背受击，纷纷夺路向铜岭方向奔逃。

将近中午，敌人出动八架轰炸机狂轰滥炸，寻淮洲一面下令部队卧倒，就近利用地形地物隐蔽，一面下令机枪射手选择有利地形对空射击。之后，将在松皮埯的部队撤回铁岭。敌人乘机发起疯狂反扑。寻淮洲率部英勇奋战，接连打退了敌人十余次冲锋，敌人在铁岭上留下了大量的尸体。

午后，敌人组织了一个强大的敢死队在前面开路，当敢死队员冲至铁岭半山腰时，心狠手辣的敌师长李默庵竟下令在山脚放火，冲上半山腰的敌人无奈，只得背火一战。寻淮洲当机果断下令部队撤离阵地，当晚撤至旦上一带隐蔽待机，敌趁机占领归化县城。

在旦上，寻淮洲总结经验教训，决定以少部兵力佯攻将乐，将主力埋伏于铜岭、铁岭一带丛林之中。

李默庵正陶醉于胜利，得知将乐老巢危急，立马催赶部队救援。可是，当他指挥部队前锋进到铜岭，后队抵达铁岭之时，突然晨空升起三发耀眼的红色信号弹，随之枪声、手榴弹爆炸声、鞭炮的"噼啪"炸响声响成一片。李默庵大呼上当，于是下令部队绕道前进。寻淮洲下令司号员吹起冲锋号，红五十六、五十七团的指战员呐喊着向敌人猛烈冲击。敌人溃不成军，大部慌忙逃回将乐。寻淮洲率部顺利收复归化。

两次铜岭、铁岭战斗，寻淮洲率领红十九师五十六、五十七团给敌以沉重打击，毙伤敌四百余人，俘敌团长一名、营长两名。

收复归化后，寻淮洲率领红五十六、五十七团主力急行军赶回永安。这时，粟裕已按原定计划完成了坑道作业，并作好了攻打永安城的战斗准备。

4月18日5时，寻淮洲下令"点火"。不一会儿，"轰隆"一声巨响，坚固的城墙一下撕开了一道十多米长的大缺口。寻淮洲立即下令："突击队出发。"从担任主攻的红十九师精心挑选出的一百五十名具有丰富作战经验的党、团员如同离弦的利箭，在强烈的火力掩护下，呐喊着穿过城墙缺口突入城中。寻淮洲带领红十九师像咆哮的洪水紧随突击队之后亦杀入城中。酣睡的敌人军心涣散，纷纷缴械投降。这一仗，红七军团全歼守敌一个团和一个县保安团，仅俘敌就近两千人，缴获长短枪一千多支，轻重机枪二十余挺、炮七门、子弹十万余发、炮弹一百余发、电台两部及其他军用物资一大批，受到中革军委的特电嘉奖。

翌日，寻淮洲奉命率部由宁化赶赴建宁，参加建宁保卫战。此后，他率领红七军团辗转于闽西寻机歼敌。5月27日，刘和鼎部第八十师一个炮兵营和一个工兵营由沙县南进至梅列、徐坊一带。寻淮洲获悉，果断率领红十九师向其出击，敌惊慌失措，大部被消灭，计毙、伤俘敌官兵六百余人，缴获步枪三四百支和轻机枪五挺、子弹九万余发。

5月29日，寻淮洲得悉敌第八十师二三九旅宿营杉口（今三明市莘口），便率领红十九师由梅列进至湖源。当日，以多路攻击、穿插敌后造成敌军混战等灵活多样战术，指挥红十九师三个团击溃敌一个旅四个建制团，以少胜多，共俘敌八百余人，毙伤敌五百余人，缴获步枪八百余支、机枪二十挺、迫击炮三门、子弹十万余发，取得了巨大的胜利。

湖源大捷后，寻淮洲率部红十九师在湖源作了短暂的休整，接着奉命率领红七军团转战于建宁、永安、连城一带。

先遣抗日

(1934)

⟶ 临危负重

★★★★★

从1934年4月初到6月初短短的两个多月时间，寻淮洲率领红七军团顽强作战，不仅参加了建宁保卫战，而且取得了归化、永安、梅列、湖源等较大战斗的胜利，仅永安和湖源两次战斗，就歼敌近四千人，缴获了足以装备一个军团的武器弹药。

然而，尽管如此，整个中央根据地的战局不但没有改观，而且日趋严重。在"左"倾错误领导者不顾客观实际的盲目蛮干下，中央红军主力伤亡巨大，广昌、建宁等重要城镇相继丢失，中央根据地日益减少，由原来的纵横各近千里缩小到各三百余里，而且周围敌人重兵压境，不断向中央根据地的中心地区进逼，军事形势十分危急。

1934 年 7 月初，红七军团指挥机关与红十九师奉命从连城抵达瑞金待命。红二十、二十一师奉命于建宁西南的麻溪、高田地区就地休整。

红七军团在中央红军中是较新的一个军团，从正式组建至此时，尚不足一年时间，基本上处在东线作战，但由于连续作战的磨炼，已发展成为一支擅长游击战、运动战的部队。同时，由于东线连续行军作战的伤亡与疾病，此时部队仅有约四千人。

寻淮洲与乐少华、粟裕、刘英等军团负责同志到达瑞金后，受到中共中央和中革军委主要领导人及军事顾问李德的热情接见，并接受了他们当面赋予的特殊任务：红七军团迅速组成中国工农红军北上抗日先遣队，保持军团体制，原任职不变，立即挺进闽、浙、赣、皖诸省敌人心腹地区，宣传我党抗日救国主张和政策，揭露国民党及反动政府对外妥协投降、对内残酷镇压的丑恶行径，推动抗日运动的发展，支援皖南暴动，迅速建立和扩大皖浙赣边新苏区，并规定这次行动的最后目的地为皖南，限期一个半月之内到达。

为了加强对红七军团的领导，中革军委派了一个随军工作团，任命闽浙赣苏区中央代表兼省委书记的曾洪易（后叛变）为随军中央代表；寻淮洲与乐少华、曾洪易三人组成军团军政委员会，决断军团的一切政治、军事问题。

对于这次行动，中共中央和中央工农民主政府及中革军委都寄予很大的期望，作了大量的准备工作。为了宣传党的抗日救国主张和政策,决定公开发表《为中国工农红军北上抗日宣言》等文件,印刷了"一致对外,驱逐日本帝国主义出中国"、"打倒日本帝国主义"、"红军是工农自己的军队"等大量宣传品,总数达一百六十多万份,这在当时敌人严密封锁、残酷"围剿"的条件之下,是极端困难的;此外,为了确保先遣队行动,在军事形势十分危急的情况下,又限令红七军团进行了三四天的休整和准备,并且下令誉称为"战略骑兵"的红九军团"东线行动",专程护送红七军团过闽江。

为了执行抗日先遣队的特殊任务,红七军团在休整期间,突击补充了两千多名新战士,加上中央派遣的一个随军工作团,全军团的实力骤增到六千余人,其中战斗人员四千多人,分编为一、二、三师三个师,实际上只有第五十五、五十六、五十七团等三个大团,均以"三三"编制。第一师战斗力最强,是军团的主力。非战斗人员,如军团直属的运输连、卫生队、担架队和中央随军工作团等约有两千人。

在武器装备方面,红七军团虽然在东线作战缴获甚多,但此时已全部上交,因而其装备较差。就数量来说,全军团仅有长短枪一千多支和一部分轻重机枪及六门迫击炮,不少战士仍然背着大刀、扛着梭镖。就质量而言,更是低劣,有的长短枪甚至连扳机都没有,而长枪又大多是些毛瑟枪、单粒快,最好的也不过是汉阳造;仅有的六门迫击炮,不仅射程短,威力不大,而且较为笨重。

人员少、武器装备不足而且低劣,但其他物资却不少。仅中央交付红七军团携带的宣传品就有三百八十多担,共计一百六十余万份，连同部队的后勤物资及炊事用具等，总共多达五百余担。

→ 进击闽中

1934 年 7 月 6 日，红七军团经短暂休整准备后奉命行动。主力从建宁西南的麻溪、高田地区秘密向宁化推进，军团指挥机关与红十九师在寻淮洲的率领下从红都瑞金出发，秘密向闽西的长汀地区挺进。同时，红九军团在罗炳辉、蔡树藩等率领下，亦从江西石城地区出发，实施"东线行动"。

此时，正值"福建事变"之后，福建敌人兵力空虚，驻防部队大多是些不堪一击的土著军阀和反动民团与地方武装等杂牌武装力量，对于红七、九军团的行动无力构成大的威胁。

7 月 15 日，中华苏维埃中央政府、中革军委联合发表了《为中国工农红军北上抗日宣言》，其中指出：为了动员全国力量，同日本帝国主义直接作战，苏维埃政府与工农红军在同国民党军队的优势兵力残酷决战的紧急关头，不辞一切艰难，以最大决心派遣抗日先遣队北上抗日，号召全中国的民众联合起来共同抗日，开展民众的民族革命战争，打倒日本帝国主义，打倒卖国贼汉奸集团的国民党。

7月19日，红七军团主力和军团部与红十九师分路进抵永安。寻淮洲下令部队对永安实施三面合围，并派出一支精干的小分队为军团先头部队，挺进闽中。

此时，敌人汲取三个月前失败的教训，在此增设了防守力量，设有一个专员公署，派有一个旅的兵力在此扼守。守敌见红军浩浩荡荡进抵永安，无不以为危在旦夕，死在须臾，谁也不敢出城半步，只在城里胡乱放枪开炮，借以壮胆助威。

针对这种情况，寻淮洲找到乐少华和曾洪易，召开军团军政委员会议，开门见山提出：组织军团力量，打下永安，消灭守敌，不仅对闽西地区的武装斗争是一个很大的支持，而且可以调动敌人，扩大红军的政治影响和减轻中央苏区的军事压力，还可以改善军团的武器装备，增强全军团的作战能力和鼓舞军团的士气。可是，寻淮洲的建议遭到曾洪易和乐少华的坚决反对。

7月22日，红九军团主力抵达永安城西北，与红七军团会合。永安守敌更加惶惶不可终日，可是出乎他们的意料之外，就在当天下午，红七军团却开始撤围；次日，红九军团也虚晃一枪全部撤离永安。

7月23日，红七军团先头轻而易举占领大田县城，全歼守敌一个保安排，缴获步枪十余支、无线电台一架、食盐一万余斤，接着，奉命向尤溪县城挺进。守敌闻风逃之夭夭，红七军团先头部队不费一枪一弹占领尤溪县城。寻淮洲即率军团主力紧紧跟进。

7月27日，寻淮洲率领红七军团冒雨渡过尤溪河向闽江边快速推进。7月29日，率领军团主力攻克尤溪口，缴获卢兴邦刚从日本购进的TNT黑色炸药五百余箱和一大批炮弹。

第二天，在红九军团的掩护和配合下，寻淮洲率红七军团主力乘胜攻占闽中重镇樟湖板，击溃守敌一个保安团，消灭保安团两个连，缴获步枪一百余支、机枪两挺、驳壳枪九支。当日傍晚，军团先头部队击退当地土豪劣绅操纵的反动武装法兵，趁势占领了渡口。

30日，中革军委电令：红七军团立即横渡闽江，攻占黄田，然后由古田北上浙西。寻淮洲接到命令，即告别紧随的红九军团，于次日凌晨组织部队由樟湖板与万口之间渡过闽江，进抵古田县之黄田村。先头部队则将下坂守敌击溃后勇猛追击，俘敌一百余人，缴获步枪一百余支，防守黄田村炮楼的商家团防兵则打开炮楼，自动放下了武器。

→ 闽东恶战

★★★★★

进占黄田后，寻淮洲遵照中革军委的指示，率部北上浙西去皖南。可是，当他指挥军团先头部队刚开进到古田谷口时，中革军委却突然电令红七军团由谷口东进，占领水口，纪念"八一"，威胁并相机袭取福建省会福州。

1934 年 7 月 31 日，寻淮洲指挥红七军团转兵东进水口。这时，红九军团已圆满完成护送红七军团过闽江的任务，奉命将"东线行动"的战利品带回中央苏区。

红军大队东进水口，国民党闽江警备司令王敬修当即好汉不吃眼前亏，率部乘船顺闽江而下逃往福州。8 月 1 日凌晨，寻淮洲率领红七军团不费一枪一弹进驻水口。当日上午，他集合部队和动员水口群众召开了"八一"建军节纪念大会。会上，寻淮洲和乐少华、曾洪易等讲了话，对北上行动和攻打福州进行了动员，并向部队正式宣布：红七军团对内称呼不变，对外以"中国工农红军北上抗日先遣队"名义活动。

当天，中革军委颁布命令：为鼓励与发扬在第五次反"围剿"战争中"特别表现英勇坚决而有特殊战绩"的中央红军指战员的英勇事迹，在"八一"中国工农红军纪念日按功绩奖给红星奖章。鉴于寻淮洲"领导七军团特别在五次战役归化战斗后有很大转变并获得了伟大胜利，平日一贯工作积极作战英勇"，授予二等红星奖章。

会后，军团上下情绪高涨。为了大张旗鼓地宣传中国共产党的抗日救国主张和政策及解决全军团的军服、军饷等问题，寻淮洲在水口对部队进行了周密的安排：有的张贴宣传品，有的发动群众，有的打扫街道，有的从豪绅那里没收来的财物中拿出部分分发给穷苦群众，而有的则利用镇上的缝纫机和裁缝将没收来的布匹集中赶制军服。

国民党福建警备司令王敬久获悉，慌忙将部署在宁德、泉州等地的第八十七师调回福州，命令其主力向水口推进，控制沿江交通要道，并派出飞机对水口进行轮番轰炸；同时，急调在湖北整训的第四十九师由长江水路日夜兼程东进，经海运驰援福州。

8月2日，为了执行中革军委的命令，情绪高涨的红七军团指战员在寻淮洲的率领下，离开水口向福州挺进。当日黄昏，敌机突然袭击，红七军团伤亡达七八十人，曾洪易"吓得脸发青，嘴唇颤抖"，从此以后，他不是愁眉苦脸，就是大发牢骚，工作日益消极。

8月7日，寻淮洲率部抵达福州西北近郊的岭头、笔架山一带，他顾不上喘息片刻，立即带领军团参谋长粟裕和三位师长及侦察科长、作战参谋等人登上福州北岭。

△ 寻淮洲

他们俯视福州全城，无不大吃一惊，没想到"福州城如此之大，就是攻进去了也只能占据一角"。而且敌人的飞机场就在眼前，敌机正在频繁起落。对于城内敌人的实力及其兵力部署、工事构造等情况，更是一无所知。可是，中革军委已经下达了攻打福州的命令，乐少华又机械地执行中革军委的指示，无奈，在毫无取胜把握的情况下，寻淮洲违心地下达了攻打福州的作战命令。

7日晚，寻淮洲一面指挥军团主力对福州北郊外围阵地发起猛攻，一面派遣小分队袭击敌人的飞机场。然而，敌人凭借坚固工事拼死扼守，并以

猛烈炮火对红七军团实施拦阻轰击，同时出动数架飞机对红七军团阵地轮番轰炸扫射。寻淮洲机智沉着，指战员毫不畏惧，与强敌血战一昼夜，攻占了大、小北岭和城北的主要街道。可是，由于缺乏攻城器械与防空手段，又不善于近迫作业，根本无法攻入城中，更不可能消灭敌人。

针对这种情况，寻淮洲与乐少华、曾洪易召开军政委员会紧急会议。会上，争论十分激烈。曾洪易已吓破了胆，主张立即撤离福州北上；乐少华则坚决主张继续攻打福州，并以违抗中革军委命令和政治委员享有最后决定权进行威胁；寻淮洲则极为气愤，力主撤离福州。最后，乐少华只得少数服从多数。8日夜晚，寻淮洲下令部队撤出战斗，向闽东转移。

这一仗，红七军团付出了巨大的代价，不仅伤亡了二三百名指战员，损失了不少武器装备，而且给以后的行动带来了极大的困难。从此，敌人不仅不再闻风溃逃，而且对红七军团实施疯狂的追击和堵截。

8月10日，寻淮洲率领红七军团刚转移到桃源，敌第八十七师一个团已由侧面追至。寻淮洲即以一个团与之激战，继以主力于敌右翼展开包抄。可是，后续之敌一个团赶到增援，天上敌机又狂轰滥炸，虽然给敌以有力一击，俘敌六七十人，缴获步枪六十余支、自动步枪十余支，但红七军团也损失不少，仅师团干部就伤亡了好几个。

8月11日，寻淮洲率部撤至陀市，与闽东的党组织和红军取得了联系。

闽东党组织和红军、游击队找到了中央红军主力之一的红七军团，不啻久旱逢甘露；而红七军团在福州、桃源等战斗失利后找到闽东党组织和红军、游击队，犹如鱼儿得水。寻淮洲更是如释重负，他不顾连续行军作战的疲惫，当即召见了中共连罗县委宣传部长陈元。

第二天，寻淮洲率领红七军团挺进罗源。当晚，他与粟裕等人随中共福州市委委员孟平到达罗源城南百丈村，接见了闽东特委军事部长兼独立二团团长任铁峰、独立十三团参谋长杨采衡和连罗县委书记叶如针等同志。寻淮洲向他们了解了两个独立团的人员、装备和开展斗争等情况，继而向他们扼要地介绍了红七军团所担负的任务，接着向他们提出：立即发动群众，帮助尽快转移和治疗伤病员；负责殿后，在丹阳南北附近阻击敌人，查明敌八十七师和四十九师的行动情况；提供好的向导；帮助解决部队的粮食给养，并希望在福安一带活动的独立二团作好准备，随时配合红七军团行动。

然后，寻淮洲又询问他们有些什么要求，红七军团能办到的尽力解决。于是，杨采衡提出：他们武器、弹药十分缺乏，希望帮助解决一些枪和子弹。任铁峰建议：他们缺少干部，中央红军作战经验丰富，能不能给他们一些干部以加强部队的领导；闽东地区海口比较好，能否帮助打通国际通道；红七军团与闽东两个独立团和游击队加在一起近万人，是很强大的力量，希望能一起打几个漂亮仗。

寻淮洲一边听，一边思索。然后，对闽东同志提出的要求和建议给予了充分肯定，并就攻打罗源县城征得粟裕、刘英的支持后回答道：要武器，打下罗源城就有的是，你们需要多少就拿多少；要干部，红七军团留下的伤病员，包括干部、战士，他们可是宝贵财富，要好好利用，队伍里就有了坚强的骨干；至于打通国际通道，发展闽东的革命斗争形势问题，确实很有道理，可是红七军团无力解决，因为中央给红七军团的任务是迅速北上抗日和支援皖南暴动，不可能在闽东停留过长时间。

会见结束后，大家连夜分头行动。寻淮洲首先将已入睡的曾洪易和乐少华叫醒，向他们扼要介绍了会见闽东同志的情况，并就攻打罗源县城、给予闽东同志干部、武器等支持事项征求他们的意见。

曾洪易悲观动摇，又疲惫不堪，半夜三更被叫了起来，心里虽老大不快，但听说闽东的同志可以护送红七军团出闽入浙，心里的气也就消了一半，加之攻打罗源与他无关，也就对攻打罗源城表示同意了。而乐少华连日行军作战，此时也哈欠连天，又见曾洪易表示同意，他反对也没用，只得顺水推舟。

征得曾、乐两人同意后，寻淮洲赶忙部署行动准备。8月14日零点30分，在寻淮洲的周密部署和指挥下，红七军团和罗源独立营、赤卫队，兵分三路对罗源县城发起突然猛攻，激战不到两小时就得以胜利结束，全歼守敌一千多人，俘虏三百余人，缴获步枪、轻重机枪几百支和大批弹药与物资，并打开县监狱，救出了被关押的革命同志和无辜群众四十余人，红七军团指战员低落的士气重新高涨起来。

　　当天上午，红十三团在杨采衡的带领下，按期接管了罗源县城，寻淮洲将八百多名伤病员交给他们安置。绝大多数伤病员在精心照料下迅速痊愈，当年10月闽东红军扩编为独立师，不少同志成为骨干，伤员冯品泰还担任了首任师长。同时，全部俘虏交给他们，并从缴获的武器中拿出二三百支步枪和数挺轻、重机枪及不少弹药给了红十三团。

　　是日下午，寻淮洲率领红七军团告别红十三团与当地的党组织、游击队以及罗源的广大人民群众，奉命继续北上，在罗源向导的带领下，顺利进入宁德县境。

　　8月16日，寻淮洲率领红七军团不仅以小分队佯攻宁德县城和袭击霍童，还亲率军团主力进抵洋中，消灭了洋中乡民团，缴枪十余支。第二天，敌第四十九师前锋尾追而至，寻淮洲派遣精干小分队设伏于梦龙，毙敌连长两名、副连长一名及士兵多名。

　　8月19日，红七军团进至赤溪阳谷村一带，与闽东红二团及活动在当地的赤卫队胜利会师。寻淮洲与乐少华、曾洪易、粟裕、刘英等人一起会见了叶飞、詹如柏、范式人等闽东特委和红二团的负责同志。

当天，中革军委电令红七军团立即北上福安。寻淮洲率领红七军团在闽东红二团的护送下，连夜挺进福安穆阳镇。在当地党组织、红二团、赤卫队和人民群众的密切配合下，红七军团对镇内守敌发起勇猛攻击，一举歼灭保安队、民团后备队约八个连共八百余人。寻淮洲征得曾洪易和乐少华的同意，从穆阳缴获的武器中抽出三百多支步枪和两挺轻机枪、一挺马克沁重机枪给了闽东红二团，从而有力地加强了闽东的革命力量。

→ 转入闽北

★★★★★

（22岁）

1934年8月24日，寻淮洲奉命率部北进，敌第四十九师先头部队已尾追而至，寻淮洲一面组织密集火力阻击，将敌击溃；一面在穆阳向导的带领下，指挥所部翻越闽浙交界的洞宫山，主力于 26 日夜进抵浙江庆元县龙溪乡荡口村一带。军团先头部队则像一把不卷刃的钢刀，一路斩关夺隘：在吞里，击溃法兵数十名，打死击伤法师法兵各一名；在举溪，通过宣传红军政策，致使法兵和保安队停止敌对行动；在岭头乡小际头，击毙法兵两名，其余法兵四散逃窜；在水口，击溃埋伏报复的保安队和法兵，毙伤敌多名，俘敌三十余人；在温吞背，冲破法兵的阻拦，击毙法兵三名。

寻淮洲率领军团主力紧紧跟进，28 日顺利进入浙江西南部的庆元县城。他立即下令部队大力向群众宣传党的抗日救国主张和政策，并发动群众打土豪分浮财，庆元群众兴高采烈。尤其是此时庆元已久旱不雨，田地龟裂，庄稼枯黄，老百姓无奈，只得杀猪宰羊请道士设坛求雨，然而一连闹了半个多月，不仅滴雨未下，而且日趋骄阳似火。可是，寻淮洲率领红七军团进入庆元县城的第二天，突然天空乌云密布，不一会儿就下起倾盆大雨。庆元群众感激不尽，对红军不仅格外敬重，而且有鼻子有眼地说得十分玄乎：什么红军不祭天地不求神灵，一来这里老天爷就下起大雨，他们的本事真大，老天爷都怕他们三分；什么家里的灶火烧得特别旺，所以好事不断：红军来了，白狗子跑了，老天爷又下大雨啦。

红七军团在庆元县城及其周围休整了一天便奉命起程，8月30日下午主力抵达竹口，与敌保安队一千余人遭遇。寻淮洲及时将部队展开，构成一个"凹"形口袋，占领了制高点，控制了正面通道，继而集中力量打掉敌人的指挥机关，乘势发起总攻。这一仗，打死打伤的敌人不算，仅俘虏就达二百余人，缴获迫击炮两门、机枪十余挺、长短枪四百余支。

随后，寻淮洲率部顺利进入庆元北部边陲小梅。为了恢复部队的战斗力和宣传党的抗日救国主张与政策，寻淮洲下令部队在小梅休整一天，镇压了民愤极大的土豪劣绅，发动群众打土豪分浮财，并逮捕了国民党庆元县长张致远。

9月5日，寻淮洲率领红七军团进入闽北古楼一带游击区。这里是闽浙赣苏区的一部分，由黄理贵率领的红七军团第二十师五十八团活动在这一带。这一带，山高水险，又有根据地依托，对红七军团开展游击战、运动战极为有利，如能在此得到较好的休整和补充，既可乘敌不备打击或歼灭第四十九师，还可广泛发动群众，将闽北、闽东等根据地连成一片，然后向赣东北、浙西和皖南发展。

于是，寻淮洲找曾洪易、乐少华召开军政委员会研究，却是针尖对麦芒。会后，曾洪易依仗随军中央代表的身份，加上又在闽浙赣省任过中央代表兼省委书记，他发电报给中革军委，要求同意红七军团进入闽浙赣苏区进行休整，并直接拍电报给闽浙赣军区负责同志，要他们立即派部队前往古楼游击区迎接；乐少华也直接发电报给中革军委，反对红七军团休整补充，主张立即北上，并打寻淮洲的小报告；寻淮洲亦拍电报给博古、李德控制的中革军委，将自己的意见如实地作了汇报。然而，中革军委当即回电，对曾洪易的主张予以严厉批驳；对乐少华的行为予以支持和表扬；对寻淮洲的主张予以批评，其中指出："拟于闽北边区休息，这恰合敌人的企图，因敌人企图阻止你们北进。"实在令人啼笑皆非。

→ 浙西苦撑

★★★★★

（22岁）

在古楼游击区休整几天后，寻淮洲将俘虏和伤病员交给当地党组织和群众，便心情沉重地奉命率部北进。曾洪易因目的没有达到，加上又遭到中革军委的批驳，更加消极悲观，并要求离开红七军团。乐少华受到中革军委的赞赏，愈加专横跋扈，极力干扰寻淮洲的军事指挥。而且部队一路奉命转战得不到休整补充，既伤亡严重，又疲惫不堪。

面对这一切，寻淮洲愤怒、忧虑，但他仍然顽强地带领部队按照中革军委的命令艰难北进。此时，中央规定红七军团到达皖南的限期已过，按理红七军团应向皖南急进，但中革军委却电令红七军团挺进浙西并执行两项"中心任务"：一是对进攻赣东北红十军和闽北苏区的敌人后方进行彻底破坏；二是在闽浙赣边境广泛开展游击战，创建新苏区。而对于原来赋予去皖南的任务，却只字不提。

身为军团长的寻淮洲日益疑惑不解。然而，中革军委的命令，必须无条件地执行。1934年9月9日，寻淮洲奉命率部北上浙西，翻越武夷山后，于9月13日攻占江山县商业重镇清湖镇，歼灭国民党浙江保安团一个营，接着渡过江山港。寻淮洲率领红七军团的广大指战员尽了最大的努力，却未能完成中革军委赋予的任务，多次受到中革军委的批评指责，一会儿说"对保安团畏惧其截击是不对的"，一会儿又说"不须以急行军增加病员与疲劳，每日行二三十里"，一会儿又说行动迟缓，破袭太少。

寻淮洲身为军团长，满腹委屈无处诉，有劲儿使不上，但他时刻牢记自己是一名共产党员、一名军团长，他一面耐心地向中革军委实事求是地反映情况，一面细心地劝慰开导下属，并遵照中革军委的指示率部继续向前开进。

9月14日，寻淮洲奉命率部炸毁贺村铁路桥和汽车站。次日，又率部破坏了杭头铁路和铁路桥，进抵江（山）常（山）公路的大陈地区，打垮国民党浙江保安第三、四、六团各一部共七个连的进攻。17日，红七军团进至常山芳村、芙蓉一带。当日，中革军委电令："红七军团在未执行已赋予的破坏杭江铁路及附近公路的任务前，禁止继续北进。"次日，中革军委却电令"应即向遂安前进，以袭击方法占领该城，并确保于我军手中"，而且还规定以遂安为中心，于安徽边境的淳安、寿昌、衢县、开化等地区开展游击战争，建立苏区，而后再向浙皖边境的歙县、建德、兰溪、屯溪地域发展。寻淮洲实在左右为难，进退不能。

21日，寻淮洲不顾个人的荣辱安危，率领红七军团转向皖南和皖赣边行动，一路进展十分顺利。

鞠躬尽瘁

（1934）

→ 蒙冤受屈

（22岁）

寻淮洲率部突然转向皖南和皖赣边行动，大出国民党浙江保安处长俞济时的意料之外，其连日来费尽心机编织的罗网毫无作用，慌忙下令第四十九师兵分两路追击，并频繁出动飞机侦察轰炸，同时电告驻皖南屯溪的国民党第十五军军长刘茂恩加强戒备。

1934年9月24日，寻淮洲率领红七军团翻越60里连岭，进入安徽南部的歙县石门、狮子石等地。国民党安徽省主席刘镇华立即下令刘茂恩以一旅之众前往拦截。9月25日，红七军团与敌在石门遭遇，寻淮洲率部勇猛掩杀，经两个小时激战，将敌击溃，毙伤俘敌三百余人，另俘壮丁队二百余人，缴获不少枪支弹药。

石门战斗后，寻淮洲获悉国民党在皖南的

驻军情况，便率部翻越白际山，于30日进抵皖赣边的段莘地区。途中，巧遇中共皖赣特委和当地游击队的负责同志，获悉皖南几县的暴动早已失败，有些干部和群众分散活动在山里继续坚持革命斗争。于是，寻淮洲根据他们的建议，率领红七军团继续西进到皖赣边的黎痕地区。一路上，寻淮洲率部多次击退追击和堵截之敌，缴获不少武器弹药，皖赣苏区也给红七军团补充了500名新战士。

在转移途中，寻淮洲请求中共中央和中革军委，同意红七军团去皖赣地区开展游击战争。到达皖赣苏区后，寻淮洲再次向中革军委建议：红七军团留在皖赣地区，与当地党组织和游击队密切配合，争取在休宁、婺源、祁门一带消灭尾追之敌，扩大皖赣苏区，寻机入浙行动；为便于机动作战，将部队整编为四个营，精简机关，充实连队；在敌人严重进攻的情况下，允许军团机动、自主地解决一些问题。这些建议，符合红七军团面临的实际情况，但不符合"左"倾错误领导者的心思，加上乐少华三番五次地向中革军委打寻淮洲的小报告，于是中革军委不仅对寻淮洲的正确建议不予批准，而且接二连三地进行指责，并于10月15日电令红七军团转移到闽浙赣苏区整顿补充。

去闽浙赣苏区，曾洪易求之不得，乐少华更是坚决执行，寻淮洲却忧深思远：皖赣边确有发展条件，而进出闽浙赣苏区，要通过敌重兵封锁线，部队要承受不少不必要的牺牲。寻淮洲思虑再三，又经与粟裕、刘英和几位师长、师政委商量，于17日给中革军委去电恳求：如红七军团今后仍北上皖南，则不如不去闽浙赣苏区，而以主力向以雷湖、柯村为中心的皖南游击区行动。次日，中革军委复电同意，寻淮洲和粟裕、刘英等十分欣慰。

可是，曾洪易、乐少华却联合去电坚决要求中革军委将红七军团转移到闽浙赣苏区整顿。于是，10月21日中革军委电令："红七军团立即前往闽浙赣苏区整顿补充。"寻淮洲无奈，遵命率领红七军团通过两道敌重兵封锁线，强行进入闽浙赣苏区的重溪地区。

闽浙赣苏区，是方志敏、邵式平等创建的著名的老苏区。但这时在中央的"左"倾错误指导和敌人的疯狂进攻下，正在日益缩小，斗争日益艰难。

在重溪，寻淮洲耳闻目睹了中央的"左"倾错误领导给闽浙赣苏区造成的巨大灾难，也获悉了中央红军主力已经撤离中央苏区南下转移，中央苏区新成立了以项英为首的中央分局和中央军区，整个革命斗争的形势正日益严峻。

至此，寻淮洲率领红七军团自瑞金出发已历时三个多月，转战了闽、浙、赣、皖四省的几十个县镇，行程一千六百多公里，在国民党统治的腹心地区连续击退了国民党军队无数次的围追堵截，打了不少胜仗。同时，他们还沿途积极地开展群众工作和宣传党的抗日救亡主张，不仅散发、张贴了中共中央发给的大量宣传品，而且刷写了大量的标语，还以召开群众大会、演戏、访贫问苦等形式积极地宣传党和红军的政策，扩大了中国共产党和红军的影响，揭露了国民党卖国投降的反动本质。红七军团还给沿途各游击区留下了一千多名军事骨干，有力地支援了游击区的革命斗争，到达闽浙赣苏区时红七军团仍然保持有三千多人。

可是，"左"倾错误领导者对于寻淮洲及其所率领的红七军团孤军转战国民党腹心地区所起的巨大积极作用却视而不见，充耳不闻，不仅一再指责红七军团没有完成任务，而且将寻淮洲扣上"执行退却逃跑路线"、"违抗中央命令"等一大堆荒诞的大"帽子"，稍加掂量掂量，便可知哪一项都足以撤职甚至脑袋搬家。

寻淮洲受到如此苛待，那么悲观动摇的中央代表曾洪易和盲目执行中革军委指示的军团政治委员乐少华又如何呢?

11月4日，中革军委命令红七军团同闽浙赣苏区的新红十军合编为红十军团，下辖红十九、二十、二十一师三个师，红七军团改编为第十九师，新红十军编为第二十、二十一师，同时对闽浙赣省委、省苏维埃、省军区的领导干部也作了重大调整：省苏维埃主席方志敏兼省军区司令员；省军区司令员刘畴西调任红十军团军团长兼第二十师师长；乐少华任红十军团政治委员兼第二十师政治委员；粟裕任红十军团参谋长；曾洪易任闽浙赣省委书记兼省军区政治委员；而寻淮洲却由红七军团军团长降任第十九师师长。

此时，寻淮洲内心十分痛苦。好端端的一个中央革命根据地，竟被"左"倾错误领导者折腾得精光；红七军团北上行动，寻淮洲作为军团长，既不知道这次行动的主要任务，又无军事指挥实权；国民党重兵压境闽浙赣苏区，中央明知曾洪易在红七军团北上行动中悲观动摇，却又给其委以闽、浙、赣省委书记兼省军区政治委员重任，红七军团中有一个盲目执行中革军委指示的乐少华已很够呛，现在倒好，新编而成的红十军团，调走了一个悲观动摇的曾洪易，却调来一个机械执行中央指示的刘畴西，后果将不堪设想。

➡ ## 得心应手

★★★★★

（22岁）

红十军团组编后，接受中央军区的指挥，其任务是：军团部和红二十、二十一师留守闽浙赣苏区，打击"围剿"之敌，保卫老苏区；红十九师与军团政治部为先遣队，出动到浙皖赣边，打击"追剿"之敌，开辟新苏区。

付出了很大的代价，好不容易进入闽浙赣苏区，而且苏区正面临敌人重兵的包围之中，却又下令红十九师再冲杀出去，岂不又要白白付出重大牺牲？

1934年11月18日，寻淮洲奉命率领红十九师向浙皖赣边进发，翻越怀玉山，于21日通过敌封锁线，准备以突然动作袭取浙江常山县城。国民党浙保纵队副总指挥蒋志英，立即率领浙保两个团从玉山驰援常山。

敌情突变，袭取常山已不可能。此时，寻淮洲率领红十九师是单独行动，自然掌握了军事指挥实权，可以机动自主地处置一些问题。于是，他根据当时敌情变化及时调整作战部署。

11月23日，寻淮洲率部抵达淳安白马，他果断决定利用白马的有利地形，给尾追之敌以迎头痛击。他先以埋伏占领有利地形袭击敌人，继以乘胜追击，一举毙伤蒋志英等官兵一百余人，缴获大批枪支弹药及其他军用物资。

白马战斗后，寻淮洲通过侦察获悉，离白马不远的分水县城敌人守备力量十分薄弱，仅有一些不堪一击的地方保安队。于是，率部于11月29日进至分水县境。根据当时敌情，他计划迅速攻克分水，然后佯攻杭州，以声东击西战术牵制敌人兵力，乘机越过杭徽公路，进军徽州，威逼芜湖，震慑国民党的统治中心南京。

久经沙场磨炼的寻淮洲深深地懂得，浙江是国民党统治的心腹地区，交通和通信便捷，敌情随时都会发生变化，便派遣侦察连和战斗力较强的红五十五团先行出发，在三里亭活捉了防守该地的七八个国民党警察和一个警察巡长，可是在离分水县城不远却遭遇蒋介石的嫡系部队王耀武补充第一旅的三个团共六七千人的堵截。

根据突变的敌情，11月30日，寻淮洲研究决定放弃攻打分水县城的计划。可是王耀武却邀功心切，紧追不放。

为了打击敌人的嚣张气焰，寻淮洲将所部兵分三路，一路占据制高点牵制敌人；一路从敌正面发起强攻吸引敌人的火力；一路悄悄绕到敌侧背出敌不意发动猛攻，接着趁黑夜组织部队乘胜全线出击。

经一昼两夜激战，在寻淮洲的灵活指挥下，红十九师指战员以顽强的革命精神和压倒敌人的英勇气概，以少胜多，以劣势装备打败了优势装备的敌人，以伤亡三十余人的代价，换取了毙伤王耀武部官兵两百余人，缴获轻机枪两挺、步枪一百余支及大量弹药的巨大胜利，打得王耀武部闻风丧胆，远远避之。接着，红十九师顺利进抵湍口，广泛宣传中国共产党的抗日救国主张和政策，揭露国民党反动派投降日本帝国主义、屠杀共产党和工农群众的罪行，并处决了在分水逮捕的七名土豪劣绅，然后，迅速挺进白果庄，控制了邮电所，封锁了交通，抢占了制高点，于杭徽公路地势险峻的侯头村设下袋形伏击圈。

12月2日下午，国民党安徽保安司令部调集近千名保安队员，分乘十八辆汽车闯入寻淮洲设下的"口袋"。寻淮洲当即下令所部猛攻，战斗至午夜，歼敌一个营，缴枪七十余支。

当晚，寻淮洲乘夜率领红十九师越过杭徽公路，于次日进入安徽绩溪休整。

12月5日，经近两天的休整，红十九师指战员的体力得以恢复，精神为之一振，在寻淮洲的率领下，继续北上。次日，进抵旌德县白沙，然后一鼓作气攻占旌德县城，缴获大批军用物资和药品；打开县监狱，释放了关押其内的全部"政治犯"和无辜群众；没收了城内劣绅的大量大米、棉布等物资救济城中贫苦群众；并集中全师指战员和城中群众召开大会，宣传抗日救国的道理与红军的纪律和政策。

12月7日，寻淮洲乘胜率领红十九师北上威胁芜湖，震惊国民党的统治中心南京。

对于寻淮洲率领红十九师这一时期的行动，粟裕后来在他的回忆录中明确指出："这一时期，寻淮洲同志率领十九师独立行动，摆脱了曾、乐的干扰，从当时的实际情况出发，在广大地区内机动作战，主动灵活地打击敌人，表现出了他的卓越的军事指挥才能。"

→ 壮志未酬

（22岁）

就在寻淮洲率领红十九师活动卓有成效之时，军团部突然电令寻淮洲率领红十九师立即回师黄山附近与军团部和红二十、二十一师会合。

军令如山。寻淮洲接到电令，立即按照军团部的指示，率部取道茂林、铜山等地，于1934年12月10日抵达太平县的汤口地区，与军团部和红二十、二十一师会合。

在汤口，寻淮洲得知，在他率领红十九师从闽浙赣苏区出发后不久，以项英为首的中央军区就电令红十军团：根据敌人对闽浙赣苏区"围剿"日趋严重的形势，命令红十军团部立即率领红二十、二十一师转到外线，同红十九师会合，在开化、遂安、衢县、常山之间集结兵力，争取以运动战消灭敌人，创建浙皖赣边新苏区。为了统一领导红十军团与创建新苏区的行动，中央军区决定以方志敏、刘畴西、乐少华、聂洪钧和刘英五人组成军政委员会，以方志敏为主席。11月24日，方志敏、刘畴西、乐少华等奉命北上皖南。

对于这些，寻淮洲实在欲哭无泪。这岂不是明摆着要放弃闽浙赣苏区？岂不是以集中对集中去与敌人拼命？这可是敌人求之不得的天大好事！可以断言，敌人必然会调集重兵围追堵截，加上刘畴西、乐少华手握指挥大权，弄得不好，只怕是正规战打不成，游击战也打不成，甚至全军覆没。

红十军团会师汤口的消息很快传到南昌行营，坐镇南昌的蒋介石兴奋得手舞足蹈，他当即电令北路"剿匪"总指挥顾祝同、赣闽粤湘桂五省"剿匪"预备军总司令陈调元、赣东北"剿匪"总指挥赵观涛、浙江保安处长俞济时、安徽省主席兼保安司令刘镇华等通力合作，迅速"剿"灭方志敏、寻淮洲等"悍匪"，奋勇作战获战绩者赏；行动迟缓、畏缩不前者以贻误战机论罪；临阵脱逃者，杀勿赦。

顾祝同、陈调元等岂敢怠慢，急忙调集二十余万兵力对付闽浙赣苏区和红十军团，按"驻剿"、堵截、"追剿"的部署展开。"驻剿"部队主要是对付闽浙赣苏区，而堵截、"追剿"部队的重点是对付红十军团。堵截部队在皖南和浙西有一个军及两个保安纵队。"追剿"部队有五个师又两个独立旅，外加四个浙、皖保安团，分左、中、右三路自北而南向红十军团扑来。12月13日，红十军团离开汤口向北转移，进至黄山东麓的谭家桥地区。俞济时即指挥敌中路前卫部队尾追至汤口。

这时，红十军团共有一万余人，但不及敌一个师的兵力，而且武器装备低劣，弹药缺乏，又脱离根据地，要迎击敌人非常困难，但又不能不给敌人以打击。于是，军团部决定以皖南独立师和游击队迷惑、牵制敌之左右两翼，红十军团全力攻击敌最突出的中路前卫部队。

12月14日凌晨，刘畴西指挥部队进入乌泥关至谭家桥段公路两侧设下埋伏，红二十、二十一师于右侧，担任正面攻击；寻淮洲率领的红十九师在左侧，除以一个连的兵力控制乌泥关制高点外，该师主力部署在乌泥关以南，与红二十、二十一师阵地依次衔接，待正面打响后，或截敌归路，或防敌向太平方向溃逃。照此部署，红十九师没有放在主攻的位置上。对此，方志敏、粟裕、刘英等持有异议，认为红十九师擅长运动战，野战经验丰富，战斗作风顽强；而红二十、二十一师组建才一年多，虽然在反"围剿"战争中浴血奋战，但都是在苏区内作战，缺乏野战经验，军团主攻任务应由红十九师担任。

寻淮洲不顾头上多顶吓人的"大帽子"和个人的荣辱，一再恳求方志敏、刘畴西和乐少华等将红十九师摆在正面，担负主攻任务。然而，刘畴西和乐少华却固执己见。由于战斗迫在眉睫，寻淮洲只得指挥红十九师按照刘畴西、乐少华的部署实施。

当日清晨6时，王耀武指挥所部补充旅从汤口出发，向谭家桥开进，俞济时亲率一个保安加强营紧随其后，担任监督。

上午 9 时许，敌前卫进至乌泥关，仅在公路上作行进间射击，进行火力侦察。后续部队见前卫部队平安无事，竟在红十军团的伏击圈内作行进间休息。

忽然，"砰"的一声枪响，紧接着又是"砰砰"两声枪响，不知是红二十师还是红二十一师有人过于激动紧张，枪走火了。这下立即引起敌人的警觉，并抢占了沿公路的高地。刘畴西只得提早下令部队发起攻击。这一突如其来的攻击，立即使敌人陷入一片混乱。

可是不一会儿，战场局势大变，惊慌失措的敌人利用优势装备和已抢占的公路两边的阵地拼死抵抗，甚至集中炮火和兵力夺占了乌泥关制高点。这样，敌人反而居高临下，发起攻击的红二十、二十一师冲向公路竟成了仰攻，整个局势由主动变为被动。

刘畴西当即组织红二十、二十一师连续发起四次强攻，却毫不奏效。刘畴西无奈，想到了红十九师，他用电话催命似的催促寻淮洲立即率领红十九师出击。可是，红十九师主力被刘畴西、乐少华置于陡峭的峡谷之中，要立即冲出投入战斗根本不可能。待寻淮洲耐着性子指挥部队以最快速度冲出峡谷之时。红二十、二十一师阵地已被敌人冲垮，乌泥关及其制高点也有近一个团的敌人死死据守。

乌泥关制高点，事关这次战斗的成败，事关军团的存亡，红十九师的当务之急，就是要不惜一切代价夺取乌泥关制高点，然后向纵深发展。当下寻淮洲调集全师所有的轻重机枪和几十名特等步枪射手组成密集的火网，压制制高点上敌人的火力，而后他亲率红十九师的指战员猛打猛冲，一举夺下了乌泥关制高点。

可是，寻淮洲却在激战中被流弹击中腹部，血流如注，昏倒在地，鲜血染红了他的衣裤，肠子流了一地。此时，战斗仍在激烈进行，制高点阵地上枪弹纷飞，更无医疗器械和药品，指战员只好用较为干净点的内衣布把流出的肠子上的泥土轻轻地擦去，然后塞回腹内并作了简单包扎。阵地上没有担架，战士们又七手八脚地找来一些树枝扎成一个简易担架，准备将寻淮洲抬下高地。忽然，寻淮洲苏醒过来，他微微睁开双眼，断断续续地要求指战员不要管他，要守住高地，夺回乌泥关。战士们含着热泪，冒着弹雨将寻淮洲小心翼翼地从制高点阵地上抬了下去。

俞济时和王耀武见乌泥关制高点得而复失，慌忙调集兵力凭借优势装备拼死反扑，并集中迫击炮、轻重机枪疯狂轰击，直打得乌泥关高地硝烟弥漫。在高地上的红十九师指战员高呼着"为寻师长报仇"的口号，顽强坚守阵地，终因寡不敌众，制高点再度被敌抢占。

不久，夜幕降临，红十军团主要阵地大部丧失，弹药极其缺乏，人员伤亡严重，尤其是指挥员伤亡甚多，仅师以上指挥员伤亡的有：红二十一师师长胡天桃阵亡，军团政委乐少华、军团政治部主任刘英和红十九师师长寻淮洲及红二十一师政委等均身负重伤。团、营、连三级指挥员的伤亡更大。而敌人各路援兵已蜂拥而来，红十军团的处境极其险恶。

刘畴西率三师之众，竟输给寻淮洲所率领的红十九师的手下败军，一个好端端的伏击战打成这样损失惨重的局面，心里很不是滋味，只好接受方志敏、粟裕等人的建议和恳求，下令部队立即向北撤退。当晚，红十军团全部撤离谭家桥地区，向泾县茂林一带转移。

寻淮洲身负重伤，被战士们从制高点阵地上抬下后，医务人员对他的伤口进行了简单的消毒处理和包扎，他昏昏迷迷地躺在战士们制作的临时担架上，由战士们轮流抬着他转移。一路上，尽管得到战士们和医务人员的精心照料，但山路崎岖，部队日夜兼程转移，担架颠簸厉害，寻淮洲的伤口不时撕裂，流血甚多。有好几次，他苏醒过来，见战士们抬得实在艰苦，便咬紧牙关，翻身从担架上下来，可是没走几步，又昏倒在地。

△ 方志敏

　　对于寻淮洲的伤势，方志敏、粟裕和刘畴西等都非常关心，他们一再嘱咐医务人员全力抢救和精心护理，指示照料的战士们千方百计保护寻淮洲的安全。

　　方志敏、粟裕等每次见到寻淮洲，心里总是阵阵发酸。自谭家桥战斗失利后，部队遭到数倍敌人的围追堵截，正在日夜兼程转移，医疗器械和药品极少，连稀粥、白开水都难以喝上，尤其是中央军区实行"左"倾错误领导，再这么折腾下去，后果不堪设想。可方志敏和粟裕等也无奈，只有对寻淮洲安慰一番，劝他好好休息，以求早日伤愈，重返指挥岗位。

然而，敌人追得很紧，条件极其艰难困苦，更严重的是连续转移，寻淮洲缝合的伤口一再撕裂。在这种情况下，医务人员虽然尽了最大的努力，最终也无济于事。12月16日，当部队转移到泾县茂林福官墩时，寻淮洲因流血过多，心脏停止了跳动，时年仅仅22岁。

寻淮洲牺牲的消息传出后，红十军团的指战员大多为之失声痛哭。可是，红十军团刚进到茂林，王耀武补充旅就追来了。寻淮洲的遗体尚未安葬，方志敏、刘畴西、粟裕等痛苦地与寻淮洲的遗体告别，将安葬寻淮洲遗体的任务交给当地游击队和人民群众，即匆忙指挥红十军团阻击敌人和继续向北转移。

当地游击队和人民群众对寻淮洲的事迹早有所闻，对他十分敬佩，对他的牺牲亦极其悲痛！他们按照方志敏、刘畴西、粟裕等领导同志的指示，含着热泪将寻淮洲的遗体安葬于附近雄伟陡峭的蚂蚁山上。

可是，刚将寻淮洲的遗体安葬完毕，俞济时已督令王耀武率领补充旅进驻茂林。当他们获悉寻淮洲已经牺牲并安葬在茂林，当即将情况上报南昌行营，得到蒋介石的电令嘉奖和5000元的奖赏。为了宣传他们的"战绩"和得到主子蒋介石更多的奖赏，俞济时又督令王耀武派人搜山。王耀武心领神会，立即派遣亲信副官带领一个步兵连找到寻淮洲安息的地方，掘开坟墓，将寻淮洲的遗体挖出拍照。令人发指的是，他们兽性大发，又残忍地将寻淮洲的头颅砍下，装入石灰桶内，并将其遗骸抛于荒野。俞济时、王耀武等将这些情况电告南昌行营，蒋介石十分欣赏，又电令给予王耀武旅嘉奖和 5000 元奖赏。

当地游击队和人民群众目睹王耀武补充旅的暴行，极为愤慨，他们不忍烈士暴骸荒野，冒着生命危险，将寻淮洲的遗骸重新安葬于蚂蚁山的隐蔽处。

寻淮洲牺牲了，并惨遭敌人的戮尸。但敌人并未就此罢休，继续对红十军团穷追不舍。1935 年 1 月，红十军团惨遭数倍敌人的分割包围而失败，仅粟裕、乐少华、刘英等率领八百余人得以突出重围，方志敏、刘畴西等被俘，同年 8 月 6 日在南昌英勇就义，其余大多壮烈牺牲。

1935 年 1 月，中共中央在长征途中于贵州遵义召开政治局扩大会议，结束了王明等在党中央的"左"倾错误统治，重新确立了毛泽东在党和红军中的领导地位，突围出去的红十军团余部八百余人，遵照新的党中央的指示，组建中国工农红军挺进师，粟裕任师长，刘英任政治委员，于浙、闽一带坚持游击战争，以后又奉命编为新四军第二支队，重新北上，与凶残的日寇进行殊死作战。

后　记

百世流芳

寻淮洲是中国工农红军的优秀青年军事指挥员，他为中国人民的解放事业立下了卓著功绩，并贡献出了自己年轻的生命，中国人民永远不会忘记他。

中共中央委员、红十军团军政委员会主席方志敏，在国民党的囚室内仍记得他。方志敏于1935年在囚室中撰写的《我从事革命斗争的略述》的遗著中记述："十九师师长寻淮洲同志，因伤重牺牲了！他是红军中一个很好的指挥员；他指挥七军团，在两年之间，打了许多有名的胜仗，缴获敌枪六千余支，轻重机枪三百余架，并缴到大炮几十门，他还只有22岁，很细心学习军事学，曾负伤五次，这次打伤了小肚，又因担架颠簸牺牲了，当然是红军中一个重大的损失！"

寻淮洲的老上级、新四军第一支队司令员陈毅，也忘不了他。1938年5月14日，陈毅率领新四军第一支队开辟敌后抗日根据地途经茂林，亲自率部前往蚂蚁山为寻淮洲祭扫陵墓。在寻淮洲的墓前，陈毅久久肃立，并向随去的指战员和群众激动地说道："青山有幸埋忠骨。寻淮洲同志是红军青年将校，以游击战斗著称，毕生为革命利益、民族利益，英勇奋斗，光荣牺牲。我们要完成其遗志，以东线胜利，驱逐日寇，回答先烈，庶几无愧……"陈毅见陵墓四周苍松翠柏郁郁葱葱，但墓前没有碑，为了纪念寻淮洲同志，他当即决定：在离开茂林之前，一定要为寻淮洲立个墓碑。当天晚上，陈毅亲自起草碑文，并与政治部主任刘炎专程找到当地著名石匠杨同发，请杨石匠精心挑选了一块高1米、宽0.7米，光洁平整的大石碑，将碑文连夜镌刻在碑石上，石碑正面大书"寻淮洲同志之墓"七个大字，背面携刻上"寻淮洲同志略历"。

第二天清晨，陈毅司令员率领新四军第一支队全体指战员全副戎装，在悲壮的军乐声中缓步开入蚂蚁山，为寻淮洲烈士修治墓道，并举行隆重的立碑仪式，然后离开茂林，奔赴抗日前线。

新中国成立后，中国共产党和人民政府更忘不了寻淮洲。为了缅怀寻淮洲烈士的丰功伟绩，教育子孙后代，有关部门曾拨专款为寻淮洲烈士修建陵墓，将其忠骨由茂林蚂蚁山隐蔽处迁出，重新安葬于茂林古溪河畔风景秀丽的奎山山腰；将寻淮洲烈士当年就读的小学改名为淮洲小学，拨专款修建了宽敞明亮的教学大楼，在教学大楼内设立了寻淮洲烈士纪念室，展览寻淮洲烈士的不朽业绩；寻淮洲的妻子吴甘梅，亦享受烈士遗属的待遇。

寻淮洲的一生，是革命的一生，战斗的一生，光辉的一生。他为中国人民的解放事业作出了永远磨灭不了的功绩，他将永远活在中国人民的心中，受到中国人民的崇敬和称颂。